AF610011

GUIDE-MANUEL

DU TOURISTE ET DU BAIGNEUR

A LUCHON

PYRÉNÉES (HAUTE-GARONNE)

GUIDE-MANUEL

DU TOURISTE ET DU BAIGNEUR

A Bagnères de Luchon

(HAUTE-GARONNE)

Avec CARTE où des points tracent les sentiers,
et TABLE indiquant la durée des courses.

PAR E. PARIS

Edition nouvelle

PARIS
IMPRIMERIE GUIRAUDET ET JOUAUST
RUE SAINT-HONORÉ, 338

1855

Quelques indices historiques sur Saint-Bertrand de Comminges, Saint-Béat, Luchon;

Itinéraire des promenades et des courses;

Conseils aux baigneurs :

Tel est le sommaire de ces lignes.

GUIDE-MANUEL

DU TOURISTE ET DU BAIGNEUR

A LUCHON.

Soit qu'on arrive par Saint-Gaudens ou par Montrejeau, ces deux routes principales se réunissent un peu avant le pont de la Broquère, où l'on passe la Garonne.

L'œil du touriste a dû être attiré bien des fois déjà par les magnifiques vues lointaines des montagnes, si le temps est beau ; mais, quand on approche du pont de la Broquère, il faut redoubler d'attention.

Alors se présente, sur un mamelon à droite, une cathédrale élégamment située. C'est le but de la promenade en voiture la plus intéressante de Luchon : souvenir du moyen âge pour les yeux, souvenir des Romains pour la pensée. C'est

SAINT-BERTRAND DE COMMINGES,

qui résume en elle l'historique des vallées voisines.

Bâtie environ 100 ans avant l'ère chrétienne, 6 à 700 ans après la fondation de Rome, son origine est attribuée, par les historiens et géographes, à Pompée, lorsque, vainqueur de Sertorius, il établit ses trophées sur les monts Pyrénées. Prêt à se rendre à Rome, il voulut réunir en communauté ces valeureuses populations, alors nomades, et il ordonna des constructions sur le lieu nommé *Louch dunum* ou *Lug dunum*, mots celtiques diversement interprétés par *Montagne du lac* ou *Eminence de la fortune*, dénomination accrue alors du mot latin *convenarum*, des populations assemblées : d'où *Lugdunum convenarum.*

Cette ville acquit une grande puissance sous César, Auguste et Tibère, jusqu'à Théodose. Place forte et château sur l'emplacement de la ville actuelle, la cité ancienne dut s'étendre dans la plaine et à l'entrée de la vallée. Ses alentours offrent encore des débris de structure romaine. On y a trouvé des bas-reliefs, des statues, des médailles, dont s'honore le Musée de Toulouse.

Elle suivit l'influence du pouvoir romain et des guerres religieuses. Les schismes de Rome et de Constantinople transformèrent plus tard en évêques les proconsuls romains, et sa puissance compta six à sept cents ans de durée.

Après Théodose, Alaric, élu roi des Goths, s'émancipa de la puissance romaine. Son successeur Atulphe eut Toulouse pour capitale, et soumit les alentours. Mais Clovis Ier chassa entièrement ces peuples de ses provinces méridionales.

Lyon de Comminges était dans toute sa puissance, quand un hasard en causa la ruine en 585.

L'imprudent Gondebaud, célèbre par son infortune, fils naturel de Clotaire Ier, rappelé d'Italie par des généraux mécontents, prétendit au trône, fut poursuivi vivement par l'armée de Gontran, et s'enferma dans cette place forte, bien approvisionnée.

Trahi par ceux mêmes qui l'avaient couronné, il périt ignominieusement, et se trouva vengé par la mort des traîtres. La population entière fut massacrée et la ville ruinée.

Depuis lors, un long silence historique passe sur ces ruines. C'est la date des incursions sarrasines (en 721), sous Zama, et ensuite Abdérame ; de leur défaite (en 730) par Charles Martel, après laquelle parurent les gouverneurs de province, nommés par Charlemagne.

En 788 se retrouve la chronologie des évêques, parmi lesquels on compte deux papes, Clément V et Innocent VIII, et six cardinaux. Le plus intéressant pour nous est l'évêque Bertrand, qui rebâtit et repeupla la ville, construisit la cathédrale actuelle, vraisemblablement sur les bases d'un temple ancien, l'entoura d'un cloître, et, par une administration toute religieuse et paternelle, devint le saint de la contrée, et partage aujourd'hui avec l'antiquité le nom de la ville.

Le Comminges fut encore gouverné par des comtes jusqu'à sa réunion à la couronne par le don de Marguerite à Charles VII (en 1450).

Aujourd'hui, petite ville délaissée, chef-lieu de canton de la Haute-Garonne, elle n'a pour l'animer que la visite des touristes et des pèlerins. L'aspect d'une église si heureusement située, les jolies boiseries sculptées qu'elle renferme et le charme d'une route ravissante, lui procurent une vitalité nouvelle.

Une excellente petite auberge est sur la place même de la cathédrale.

Aprés le pont de la Broquère, la route traverse les villages de Loures et Bertren, dernier relais de poste; puis Bagiry, à l'entrée du riche bassin de Salechan, où se trouve l'établissement thermal ancien de Sainte-Marie, et, quelques pas plus loin, le joli petit établissement nouveau de Siradan.

Ces diverses eaux, légèrement salines et ferrugineuses, ne sont guère utilisées que par les habitants des vallées voisines. Leur situation offre le puissant remède de calme et d'air suave dans un site privilégié.

La route continue par Estenos, et on voit bientôt sur la gauche le nouveau pont de Chaume, conduisant directement à Saint-Béat, et prés duquel quelques tours ruinées, vues entre les arbres, indiquent Fronsac, ancien séjour féodal.

Quelques instants après, environ une lieue avant Cierp, s'offre la réunion des eaux d'Aran à celles de Luchon, ce que vulgairement on appelle la réunion du Gar à l'Onne, dont on forme Garonne. Cette étymologie est spécieuse. Il est plus croyable que le nom entier dérive du haut Aran, où le même nom existe à *Montgarri*, *l'ouil de Garoun*, etc., etc., et sur le versant opposé *Noguera*, anagramme de Garonne. D'ailleurs la Garonne n'est entière qu'à Montrejeau, lorsque les eaux d'Aure se joignent à celles d'Aran et de Luchon.

On arrive à

CIERP,

à 16 kilomètres de Luchon, charmant village que la route traverse, situé au pied d'un rocher à pente rapide.

Le touriste le plus blasé ne peut traverser son fertile vallon sans avoir l'esprit charmé de tant d'abondance et les yeux attirés par les cimes pittoresques et majestueuses qui l'entourent partout, et particulièrement vers Saint-Béat, dont le pic de Gar, géant dominateur, voit fièrement toutes les sources de la Garonne et son cours à quarante lieues de distance. Ce petit et gracieux village est un point d'intersection d'où Saint-Béat et Luchon se rendent au chef-lieu par de magnifiques routes carrossables en toute saison.

SAINT-BÉAT,

chef-lieu de canton de la Haute-Garonne, à 5 kilomètres de Cierp.

De hautes montagnes encaissent la Garonne et la ville. Une place entourée de constructions s'étend sur un bassin fertile vers la vallée d'Aran, dont cette ville est le débouché. D'autres maisons plus resserrées et groupées au pied d'un vieux castel se réunissent aux premières par un pont qu'il faut traverser aussi pour jouir de l'ombrage d'une belle plantation de gros tilleuls, promenade digne d'une population intelligente et riche.

Ce château, dont les ruines offrent encore des aspects pittoresques, fut l'origine de la ville. On le construisit pour la défense du passage; un couvent ou prieuré y fut annexé, puis quelques familles, etc., etc.

De récentes armoiries qualifiaient Saint-Béat *Clé de France*; de plus anciennes offraient deux montagnes : un loup sur un sommet, et sur l'autre un homme portant drapeau avec ces mots : *Passus lupi.*

Des privilèges accordés par Louis XII, Henri IV, Louis XIII et Louis XIV, dont les lettres-patentes sont encore aux archives du lieu, ont amené la richesse de cette charmante petite ville.

Le commerce de bois, de laines, de grains, de vins, de mules, lui donne encore une certaine importance, que peut accroître l'exploitation plus suivie de ses beaux marbres.

C'est une charmante excursion à cheval de Luchon (de deux heures et demie à trois heures de durée).

Les rives de la Garonne, si on veut tourner le rocher à gauche, à partir de Marignac, offriront des aspects charmants. Le sentier ne se prend qu'à cheval ou à pied, suit quelques moments les eaux limpides du torrent, et ramène à la route près les blocs de marbre déroulés de la carrière.

C'est une occasion de varier l'aller ou le retour.

ROUTE DE LUCHON.

Après Cierp, la route s'élève lentement à partir de la jolie forge créée par Mme Eymard. Cette route nouvelle change de rives sur deux ponts nouveaux très rapprochés ; elle suit sous les villages de Cignac, Binos, Bachos, dont les noms sonnent réminiscence de domination romaine ; sous le petit château féodal de Guran, but de promenade à cheval pour quelques baigneuses.

Un peu plus loin se découvrent le village de Casaux, le hameau de Luret ; puis la route longe des roches perpendiculaires, empreintes des traces de la mine. Un étranglement resserre le passage : c'est l'entrée du bassin de Luchon.

Sur le monticule, à droite, a existé un fort dont aucune trace ne reste ; mais, de ce point, la vue est exquise, ainsi que du charmant village de Cier et du hameau de Montmajou, qui lui est superposé. Ces habitations semblent spectatrices de tout ce qui se passe dans la vallée entière, sur ses cimes et sur le Néthou espagnol.

De là, si le temps est clair et si l'on est assez heureux pour s'y trouver matin ou soir, lorsque les rayons du soleil, inclinés, établissent des masses d'ombre et de lumière, on jouit d'une admirable vue : des pentes rapides et boisées encaissent la vallée, que termine un magnifique rideau de montagnes, frontière de France et d'Espagne, surmonté de la Maladetta, la cime souveraine des Pyrénées ; des anfractuosités de roches déterminent les ports ou passages, et le ciel, que l'on voit à l'horizon, plafonne les cimes espagnoles.

On est dès lors dans le domaine de Luchon. Il n'y a plus qu'à glisser sur un terrain plat, et, après avoir traversé les minimes villages d'Antignac et Moustajon, dont le castel charme le passant vers deux et trois heures du soir, puis le pauvre faubourg de Barcugnas, on entre à Luchon par une belle avenue de platanes.

LUCHON,

chef-lieu de canton de la Haute-Garonne, à 136 kilomètres de Toulouse, à 46 kilomètres de Saint-Gaudens, est le dernier lieu frontière à l'extrémité d'une longue et profonde vallée, à huit heures de Vénasque, ville espagnole d'Aragon, et deux heures et demie de Bosost, annexe de Catalogne.

Dépendante de la Gaule narbonnaise lorsque des proconsuls romains administraient Saint-Bertrand, elle partagea vraisemblablement toutes les destinées ultérieures de cette ville : des bustes, des autels votifs romains, et quelques bas-reliefs grossiers du moyen-âge, sont la base de ces suppositions.

Le dieu Lixon, inscrit sur ses autels votifs, est sans doute un hommage à la localité : car la plus ancienne étymologie de ce nom paraît remonter au mot celtique *louch*, lac. Les eaux de Luchon durent long-temps être arrêtées par le passage resserré à Cier : telle est sans doute l'origine du nom conservé à la vallée, et déifié plus tard par les Romains enthousiastes des effets miraculeux des sources.

Ces bains furent donc en usage sous l'empire romain ; leur faveur, perdue, soit par l'invasion des Goths ou des Sarrasins, soit par deux incendies de la ville dans les guerres avec l'Espagne, notamment en 1711 ; soit encore par les éboulements de la montagne, doit sa renaissance principalement au zèle du célèbre d'Etigny, gouverneur du Languedoc sous Louis XV. C'est à son esprit supérieur et aux soins persévérants de son délégué, M. Lassus Camon, que les habitants sont redevables des trois belles avenues qui font le charme du séjour à Luchon.

Quand plusieurs diligences, des chaises de poste, et l'affluence d'étrangers élégants, de dames en toilette, affluent sous ces ombrages, on se croit vraiment dans une grande ville.

Par sa position au centre précis de la chaîne des Pyrénées, au pied de la Maladetta, la montagne-reine, cette localité thermale est la plus riche en eaux, en calorique et en minéral.

Un maire élu en 1830, M. Pierre Azémar aîné, y a jeté toutes les semences du progrès par dix ans de fatigues consacrées à améliorer les sources, les ponts, les chemins et leur ombrage, etc., etc. La maladie seule a suspendu le cours de ses travaux patriotiques, que la mort est venue sanctionner en glorifiant leur auteur.

Les recherches faites à la même époque par le docteur Fontan sur les eaux de Luchon, comparées aux autres sources thermales des

Pyrénées, des Alpes et d'autres parties de l'Europe, ont fixé leurs qualités et quantités minérales de manière à leur assurer un avenir de plus en plus brillant.

Les travaux du maire Azémar, continués par ses successeurs ; les recherches du docteur Fontan, suivies d'autres analyses et d'autres écrits, profitent tous à cette heureuse contrée.

Luchon est donc un de ces lieux privilégiés par la Providence dont les habitants multiplient leur bien-être en assurant celui de leurs visiteurs.

Elle n'a d'autre industrie que quelques échanges de grains, de laines et de vins avec l'Espagne, et l'exploitation de ses bois vers la plaine. L'éducation de la race bovine et de ses produits réclamera long-temps encore des progrès ; mais la fortune de ses bains supplée à tout, et lui présage encore bien d'autres prospérités.

Le confortable du séjour est on ne peut plus attrayant : de jolis logements, de bons petits chevaux, une grande concurrence de traiteurs, de bons fruits apportés abondamment de la plaine, les raisins de Saragosse, vers la mi-août ; beaucoup d'affabilité de la part des propriétaires, et enfin des sites pittoresques qu'on voit encore avec intérêt, même après la Suisse.

PROMENADES.

LA PROMENADE DE PIQUÉ,

15 *minutes*,

la plus mondaine et la plus à portée de tous, suit l'avenue d'Étigny ou des bains ; va, de l'établissement thermal, droit au torrent, le longe gracieusement jusqu'au pont de Montauban, et revient par l'avenue de ce nom.

BOIS DES BAINS.

FONTAINE D'AMOUR.

40 *à* 50 *minutes*.

Cette promenade monte en lacets derrière l'établissement thermal, à travers une pente boisée qui le domine ; une multitude de sentiers sous l'ombrage se croisent en tous sens, passent sous de vieux troncs de tilleuls ou de hêtres accrochés pittoresquement aux rochers; et si le baigneur mélancolique s'élève dans la direction méridionale, un groupe de peupliers lui indique une petite source qui, il y a quelques années, sortait limpide sur un sable fin, dans un lieu solitaire, avec simple banc sous l'ombrage. Aujourd'hui, une baraque en bois, contenant des provisions, une toile tendue sur plusieurs bancs et chaises, voilà du prosaïque hostile au charme local.

Il ne faut donc arriver à ce but que pour se rafraîchir et monter quelques pas plus haut, d'où la vue est délicieuse.

A cinq minutes au dessus, on aperçoit une chaumière où on vend de bon lait; elle est située sur le sentier qui monte aux forêts de sapins; sentier où les autorités locales exécuteront nécessairement, quelque jour, le plus joli chemin de promenade pour se rendre à Superbagnères toujours à l'ombre sous de magnifiques sapins.

En attendant, étendons-nous sur la bruyère, en contemplation de cette première connaissance du bassin luchonnais. Nous descendrons dans la direction de l'établissement thermal sous l'ombre de vieux troncs séculaires dont l'aspect réveillera en nous les idées romantiques.

Cette promenade, à partir de dix heures, est toujours à l'ombre.

PROMENADE DE LA CASSEYDE.

45 *minutes.*

C'est la plus délicieuse promenade pédestre du matin ou d'après-dîner, car elle est chaude par son exposition.

En sortant de la ville, vers l'allée de Barcugnas, on arrive à une petite place, et, passant le pont de gauche près le petit moulin, on gagne le pont du cimetière, où le bruissement d'eau et les ombrages sont un agréable début de la promenade. Arrivé près du cimetière, on tourne à gauche et trente pas plus loin un petit sentier pierreux s'élève à droite vers de petits jardins créés sur le rocher.

Il faut y monter quelques centaines de pas, et, si on se trouve là vers cinq heures du soir par un beau temps, on jouira de l'aspect qui forme la plus belle vue générale de Luchon, celle saisissable du crayon et du daguerréotype. L'œil parcourt les allées de Barcugnas, des Soupirs et des bains ; les maisons de Luchon, Montauban, Saint-Mamet, Castel-Viel, et le magnifique fond de vallée, tout cela exprimé à cette heure par des jets de lumière et les belles teintes d'ombres particulières aux montagnes.

Revenu au chemin qui longe le Gave, on le suit jusqu'au pont de Mousquérès, et l'on revient par l'allée des Soupirs; on admire la vive fraîcheur répandue partout, excepté sur les roches stériles que longe le chemin.

L'exécution de ce sentier est un problème résolu depuis peu d'années par la persistance du maire Azémar, qui le couvrit d'ombrages et de bancs, aujourd'hui disparus. Ce devrait être cependant la promenade la plus soignée, tant elle offre d'attrait.

PONT-DE-TRÉBONS.

1 heure 40 minutes.

Du pont de Mousquérès, si on est marcheur, on peut allonger la promenade précédente. Il faut monter le grand chemin, d'où l'œil est agréablement occupé, soit en considérant le précipice, ou les hautes forêts de sapins, ou les fraîches prairies de Gouron, ou l'aridité de la montagne de Cazaril ; et, lorsqu'on a monté pendant un quart d'heure environ, le chemin tourne, change de vue ; la gorge se resserre, le torrent mugit, et le sentiment poétique s'empare du passant qui y est accessible. C'est le but de la promenade. De quelque côté que l'on considère les alentours de ce pont, le site est délicieux de grâce et de vie : ombrage, verdure, eaux bouillonnantes, etc., etc. En descendant sur les bords du Gave, un peu avant d'arriver au pont, l'aspect du rocher, aux fentes duquel les tilleuls et noisetiers se sont accrochés, présente avec le pont un motif de dessin ou peinture d'un style poussinesque.

Lorsqu'on a assez contemplé, on passe le pont, et de suite est à gauche un petit sentier accessible aux chèvres, ou, quelques pas plus avant, près le deuxième pont de Trébons, un sentier meilleur, qui amène sur le rocher admiré, puis rapproche du torrent, et continue à le dominer en suivant son cours sur le versant opposé.

Ce sentier, à travers prés et arbustes, offre à l'admiration les lignes perpendiculaires de rochers qui dominent le torrent, et sur lesquels on a passé en venant; puis il conduit à la carrière de marbre gris et au pont de Mousquérès.

A cinq minutes du deuxième pont de Trébons est le charmant petit pont de Saint-Avantin, par lequel on arrive à la chapelle miraculeuse.

Chapelle miraculeuse de SAINT-AVANTIN

2 heures.

Une légende ancienne raconte qu'ayant été emprisonné par les Maures dans le Castel-Blancat, le saint se précipita audacieusement et tomba si énergiquement, que l'empreinte de ses pieds se voit encore incrustée dans le granit. Poursuivi, il fut décapité. Vainement il ramassa sa tête, comme saint Denis : il dut périr, et c'est au lieu où ses ossements furent plus tard découverts qu'est élevée la petite chapelle.

EGLISE DE SAINT-AVANTIN.

2 *heures* 30 *minutes.*

A quinze minutes de la chapelle miraculeuse, le village de Saint-Avantin s'élève échelonné sur une pente rapide que la charrue peut néanmoins labourer. Il est dominé majestueusement par son église, dont les murs, et principalement ceux de la porte, offrent quelques restes de sculptures grotesques du XIe siècle. C'est un sujet d'intérêt rare en ces contrées, et c'est un but de promenade que toute personne marcheuse peut facilement entreprendre. Les dames feront bien d'être suivies de la modeste bourrique.

MONTÉE A CAZARIL.

2 *heures.*

Cette promenade, préférable le matin, n'est pas une grande course, et cependant, en raison de la rapidité du terrain, les dames feront bien de ne pas l'entreprendre à pied. On passe le pont de Mousquérès, on suit la montée quelques instants, et on tourne à droite aux premières maisons voisines de la route. Le sentier monte rapide, dominant Luchon et sa vallée, suit plusieurs lacets assez raides, et va longer le roc de Cazaril. De ce point la vue est magnifique; et, à peine tourne-t-on le rocher, que la surprise de trouver un cours d'eau, des laveuses, des ombrages et un village si naturellement placé là, est la digne récompense de la fatigue ou de la chaleur.

La petite église, isolée du village, plane religieusement au milieu de tant d'œuvres surprenantes de la nature. Le sentier passe à côté et descend à pente douce au petit village de Trébons, dont l'église n'est pas moins pittoresque. Avant d'arriver à ce village, un autre sentier tourne à gauche, et ramène directement sur la route qui descend au pont de Mousquérès.

CASCADE DE MONTAUBAN.

1 heure 10 minutes.

C'est une des premières promenades que le goût du pittoresque fait rechercher, et l'avenue qui y conduit est d'une longueur seulement de vingt minutes.

On arrive jusqu'au fond du village en suivant toujours le cours d'eau. Un grand portail à droite donne entrée au jardin du curé. On frappe, et toujours on est entendu.

Par des pentes douces, ornées de fleurs, ombragées de beaux arbres, au murmure délicieux de ruisseaux bruyants, on s'élève sans s'en apercevoir, et, lorsqu'on arrive à la sortie du jardin sur la montagne, tout près de la cascade, on a mis dix à quinze minutes sans fatigue.

Une enceinte de rochers démolis par les eaux est ce qui caractérise cette cascade, qu'on ne peut voir que de trop près; mais le bruit, l'harmonie vaporeuse, le pittoresque des rochers, et surtout la promenade entière, voilà ce qu'il faut considérer et ce qui y ramène avec plaisir.

CASCADE DE JUZET.

1 *heures* 30 *minutes*.

Le chemin qui tourne à gauche avant d'entrer au village de Montauban, et d'où se présente la vue de la petite église, est celui du village de Juzet, distant de Luchon d'une demi-heure environ.

Le cours d'eau indique facilement la cascade. Ce site solitaire, aujourd'hui enfermé par des planches, mérite peu qu'on s'y arrête jusqu'à ce qu'il soit rendu à son état naturel.

La promenade du village, aller et retour, peut rigoureusement se faire en une heure quinze minutes.

Si on veut allonger la promenade, la même direction qui amène à Juzet conduit au delà en une demi-heure, et par un chemin agréable, à

SALLES,

village où passait l'ancienne route de poste. On entre, et la rue qui tourne à gauche rejoint en quelques minutes la nouvelle grande route et

ANTIGNAC,

petit village entouré de belles prairies, et dominé à l'ouest par de magnifiques pentes de rochers; puis, un quart d'heure au delà,

MOUSTAJON,

dont la pauvre église, placée sur la grande route, intéresse par les sommets neigeux qui apparaissent au dessus d'elle, et cinq minutes plus avant, vers Luchon, est un plus véritable motif d'intérêt, c'est le

CASTEL MOUSTAJON,

1 *heure* 30 *minutes.*

singulièrement construit sur la crête aiguë

d'une fraction de rocher. Ce simple abri défensif semble un factionnaire de Luchon, dont il fut sans doute sentinelle avancée, comme Castel-Viel vers les accès espagnols, et Castel-Blancat sur les vallées d'Ouëil et de l'Arboust. Il disparaît dans la couleur des rochers lorsque le soleil ne l'éclaire pas ou l'éclaire trop; mais, d'une heure à trois, le soleil tourne derrière et le détache avantageusement.

Une simple visite à Castel-Moustajon, compris le temps de gravir le rocher, exige une heure trente minutes.

Si on se place au delà de la tour, regardant le fond de la vallée, l'aspect matinal sera délicieux.

En revenant à Luchon, on voit, à gauche de la grande route, un chemin qui aboutit droit à Juzet, et qui, par un sentier dans les prairies, longe le torrent et le remonte jusqu'à la petite scierie, sur l'allée de Montauban. C'est une agréable promenade, qu'on peut commencer par la route ou plutôt par la scierie.

Une autre gracieuse et courte promenade sera la

SCIERIE DE SAINT-MAMET.

30 *minutes.*

On suit le chemin de ce village jusqu'au pont, qu'on traverse, et on descend de suite à droite sur la rive du Gave. On le longe, on suit la prairie jusqu'à un petit moulin, d'où le sentier mène à gauche à un autre petit moulin, dans la prairie; et alors, tournant à droite, on revient aux rives du Gave, à deux scieries, dans un lieu charmant. Un petit pont permet de revenir par la route de Castel-Viel ou d'allonger la promenade. L'aller et retour exigent vingt minutes, une demi-heure au plus.

CASTEL-VIEL,

1 *heure* 15 *minutes*,

au fond du bassin de Luchon, est aperçu en arrivant. C'est une promenade qui s'indique elle-même : embranchement de plusieurs vallées, aridité de roches que domine une vieille tour, c'est un véritable aimant pour l'œil et pour l'esprit.

En trente minutes, on arrive au poste des douaniers, simple abri, créé en 1826, que l'esprit industrieux de ces soldats civils a entouré de fleurs et d'arbres qui, en grandissant, lui donnent l'aspect d'une petite oasis au milieu de l'aridité qui l'entoure.

En cinq minutes, on grimpe à la tour, et si on veut aller voir la

SOURCE FERRUGINEUSE,

1 *heure* 30 *minutes*,

ce sera l'affaire de dix minutes ou d'un quart d'heure en plus. On continue à monter la route jusqu'à ce qu'elle tourne. Alors, peu après les premiers peupliers, une barrière à gauche offre un sentier sur une pente rapide, et tout à fait sur le lit du Gave se trouve cette source abondante, coulant à travers une fissure de rocher.

Ses alentours offrent de beaux aspects, soit qu'on descende quelques pas sur le lit inférieur du Gave, où un éboulement de roches colorées offre une étude de peinture dans le style de Salvator Rosa, soit qu'on remonte quelques mètres au dessus de la source en tournant le rocher d'où elle sort. Dans ce dernier lieu, on a vue sur le cours du Gave arrivant, qu'ombragent les arbres accrochés aux roches, que vivifient le bruit des eaux et le scintillement du soleil de midi à une heure.

Au retour, la pente raide est pénible à regagner la route. Si on s'y retrouve à trois ou quatre heures dans les grands jours, on admire le bel effet de Castel-Viel sur les montagnes de la vallée.

On revient au poste de douane, et, si on désire changer de chemin et dépenser quelques minutes de plus, un petit sentier descend dans la prairie, droit en face le poste, et aboutit au

PONT DE PÉQUÉRIN

OU DES DOUANIERS.

1 *heure.*

Cette promenade seule demande une heure.

Le pont, vu de la rive droite en se plaçant dans la prairie, offre un joli dessin du matin : des eaux courant bruyamment sur le devant, un pont de bois ombragé d'arbres, une tour sur un rocher, des sommets couverts de sapins, etc., etc.

On revient par Saint-Mamet, dont le chemin, longeant les roches arides et bouleversées, augmente de dix minutes.

Si, après avoir vu ce pont, on veut retourner par la rive gauche, il ne faut pas remonter le sentier rapide des Douaniers; un autre, longeant le Gave, amène à la route plus agréablement et plus promptement.

Près de ce pont, on peut aller voir les rochers à pic sous Castel-Viel, où la Pique se resserre tumultueusement. On suit le chemin de la vallée de Burbe, et on tourne à droite au premier embranchement. Un tout petit pont se présente presque immédiatement, puis une barrière à droite qu'on escalade, et un sentier à peine frayé dans la prairie conduit sur le rocher parallèle à Castel-Viel. Du pied de ce rocher, il est facile de voir le torrent.

Lorsque les foins ne sont pas coupés, on continue, après le petit pont, jusqu'au sentier pierreux montant à droite, par lequel on arrive sur le même rocher en vue de Castel-Viel et d'un aspect de Luchon, tableau superbe matin et soir.

PICH DE VERGÈS,

1 heure 30 *minutes*,

est une jolie petite cascade dans la vallée de Burbe, sur le chemin du Portillon. Pour la voir avantageusement, il faut suivre l'ancien chemin dans lequel on se trouvait précédemment, près la montée pierreuse.

En remontant donc quelques minutes sur la rive gauche de Burbe, cette chute d'eau se présente pittoresque, le matin surtout. Le petit pont, qui semble traverser sous elle, ne se voit que de là.

Supprimant ce détour, ou revenu à la place sur le rocher, d'où on domine Castel-Viel et Luchon, on continuera en remontant la rive droite de la Pique jusqu'au

POT DE LAPADÉ,

1 heure 45 *minutes*.

par lequel on reviendra à Luchon, du côté du poste de douane. Il est à peu près à vingt minutes au delà de Castel-Viel.

Les alentours de ce pont sont séduisants à toute heure, et principalement lorsque les rayons du soir, inclinant sur les belles pentes boisées de Superbagnères, jettent leur éclat sur le fond de la vallée.

Beaucoup d'autres promenades s'offrent d'elles-mêmes aux marcheurs. Il aura donc suffi d'indiquer les principaux chemins pour les mettre à même de connaître les embranchements, et leur laisser ensuite le plaisir de la découverte; puis les courses à cheval ou au moins plusieurs d'elles seront du domaine de quelques piétons.

Mais il est à désirer que l'administration locale comprenne l'importance de l'ombrage des chemins, pour rendre le séjour des baigneurs plus délicieux et la route du pauvre moins pénible.

COURSES A CHEVAL.

VALLÉE DE LITZ (avalanche),

VULGAIREMENT DE LYS.

A l'entrée de la Vallée et retour 3 heures.

Comme l'attrait de remonter à la source des cours d'eau et d'aller toujours plus avant dans la montagne est le principal aiguillon de l'étranger; comme le nouvel arrivé à Luchon préférera sûrement commencer par une course peu fatigante, la vallée de Litz réalisera ces deux buts.

Voir Castel-Viel, passer au dessus du bocage de la source ferrugineuse, traverser le pont de Lapadé, puis le premier pont ensuite à droite, pont de Ravi, laissant sur la gauche le chemin par lequel on se rendra une autre fois à l'hospice : tel est le début. Après cela, on a toujours le torrent à sa gauche, et on chemine sous des buissons de noisetiers et de tilleuls; puis c'est le torrent de Litz, qu'une autre inclinaison du chemin fait suivre sous l'ombrage d'arbres pittoresques. Alors, c'est la locaīité de Bonéau, une des plus délicieuses par ses détails pittoresques : trois ponts espacés, jetés aux endroits où la roche resserre le torrent, présentent un ensemble d'accidents poétiques, et principalement celui du milieu. On est au

GOUFFRE DE BONÉAU,

chute d'eau bouillonnante.

2 *heures* 30 *minutes.*

Si on sait le voir et trouver le passage un peu dangereux pour le regarder d'en dessous, l'effet est majestueux et terrible. Le torrent arrive en cataracte écumante sous le pont, se repose un instant et tombe bruyamment à quelques mètres plus loin. Les hêtres croissant dans les fissures du roc forment berceau sur les ondes, et leurs racines contournées, couvertes d'une mousse épaisse, se recommandent aux gens de goût.

Tout ce chemin est plein d'intérêt : partout blocs éboulés, enlacés de vieux arbres contournés ; et, lorsque la vallée de Litz s'ouvre, une faible cataracte à gauche du chemin offre encore un sujet de halte. C'est

LA CASCADE RICHARD,

3 heures 20 minutes,

du nom de cet artiste distingué.

Elle mérite un regard, sinon pour le volume apparent de ses eaux, au moins pour son gracieux aspect et celui des arbres qui l'entourent.

Ensuite il faut laisser courir les chevaux sur un chemin qu'ils connaissent trop, car le malheureux coursier de Luchon fera cette promenade cinquante ou soixante fois par saison, presque toujours au galop, et ce sera son jour de paradis s'il ne la fait qu'une fois le même jour.

LA CASCADE D'ENFER,

4 heures,

qui termine la vallée, se présente de loin à la vue par un simple filet d'eau dont l'importance augmente en approchant. Les jolis hêtres qui l'entourent, les sapins qui se groupent sur la pente de ses rochers, et la fissure étroite à travers laquelle s'est frayé passage une eau impétueuse et bruyante, tout cela donne à l'esprit un saisissement qui peut justifier l'épithète d'Enfer donnée à ce lieu, en contraste avec les pelouses gracieuses que l'on vient de traverser.

Au dessus des roches perpendiculaires d'où sort la cascade, un petit pont hardiment jeté, est

LE PONT D'ENFER,

25 *minutes plus haut.*

Nouvel attrait pittoresque offert aux promeneurs depuis peu d'années seulement. L'aspect d'une nature sauvage et vierge nous attend là-haut.

Dès que nous tournons dos à la cascade, un petit sentier se présente à notre gauche dans le gazon, sans cesse foulé par le sabot des chevaux. Ce sentier se dirige en montant vers la grande ravine qui descend des hauts sommets de Ceriré. Il approche de cette ravine, puis retourne à gauche, et, longeant le rocher par plusieurs lacets, nous ramène, dans la direction de la cascade, à un autre petit pont que celui vu d'en bas.

Soit qu'on traverse ce petit pont ou qu'on descende par un petit sentier à gauche avant de le traverser, on arrive au pont hardi qui domine l'espace.

Mais ne nous arrêtons pas là. Après avoir traversé le pont d'arrivée, montons le premier sentier sur la croupe à droite. A travers une forêt sauvage et désolée, nous atteindrons en moins d'un quart d'heure une saillie de roc garnie de petits murs d'appui pour la sûreté des dames et pour faciliter leur admiration : c'est

LE GOUFFRE INFERNAL,

15 *minutes plus haut*,

aspect plein de grandeur et de désolation.

Sur un rocher perpendiculaire glisse le torrent, dont nous regardon le point de départ au dessus de notre tête, et le point d'arrivée en nous penchant vers l'abîme.

C'est un but vraiment romantique.

Au retour, lorsque la partie boisée du sentier se termine, nous sommes en face de l'entrée du val de Litz et barrés par la ravine.

Si notre projet est le retour à Luchon et que nous soyons piétons, continuons devant nous jusqu'au groupe principal des granges de Litz.

Si nous sommes à cheval ou si nous ne sommes pas pressés, revenons à la petite cabane près la cascade d'Enfer. Nous avons devant nos yeux un autre gave et une autre cascade : c'est

LA CASCADE DU COEUR,

4 heures 30 minutes.

Il faut traverser le petit pont près la cabane et suivre le sentier tracé. On y arrive en dix ou quinze minutes.

Les eaux de cette chute, tournant en partie d'un côté et en partie se joignant à celles d'un autre gave, forment au point de jonction l'angle aigu d'un cœur; et, comme au dessus du mamelon entouré d'eau se trouve une pente échancrée, comme c'est dans la direction de cette échancrure que tombe la cascade, placée là comme la flamme sur un cœur, de là cette dénomination.

Cette chute diffère de celle d'Enfer. Plus entourée de sapins, de débris et de désordres rocheux, elle offre un aspect en même temps gracieux et sauvage.

Ses eaux dérivent de trois cascades superposées, qui dérivent elles-mêmes d'un petit lac. Tout cela est très intéressant pour le dessinateur, le naturaliste ou le franc marcheur, mais ne convient pas à la grande majorité, qui regretterait la fatigue. C'est une excursion pour ceux qui séjournent long-temps à Luchon.

En quittant la cascade du Cœur, on incline à droite plus qu'en montant; on se dirige vers le milieu de la vallée, afin d'abréger le retour.

Dans le cas où on voudrait monter aux cascades supérieures, dont les deux premières s'atteignent presque entièrement à cheval, il faut, de cette même direction, tourner bientôt brusquement à droite en montant, pour passer au dessus des sapins qu'on voyait à gauche en regardant la cascade. Le sentier est rapide, mais n'est pas mauvais. On traverse des solitudes intéressantes. Les rives du lac abondent en vieux sapins décrépits, heureusement rendus par le crayon habile de l'artiste toulousain M. Latour.

Si, de la cascade du Cœur, on songe au départ; au lieu du détour indiqué, on passe le torrent sept ou huit cents pas plus bas que la petite auberge, sur un point où il est très guéable; on traverse les prairies jusqu'au groupe de granges où se trouve un abreuvoir, et l'on se retrouve sur son chemin.

Du pont de Lapadé, on peut continuer tout droit sans le traverser; ce sentier allonge de quelques minutes et offre un intérêt nouveau, surtout quand on arrive en vue de Castel-Viel. On peut repasser à cheval le pont de Péquérin, et suivre le sentier aux rives du Gave indiqué à la promenade de ce nom.

Un touriste pressé peut, le même jour, aller voir le Bocage des Demoiselles, dont il verra ultérieurement le tracé; mais plus sage est de remettre à un autre jour.

VALLÉE DE L'HOSPICE.

4 heures.

Parallèle à la vallée de Litz, celle-ci est infiniment plus agréable, sous le rapport de l'ombrage, dans la saison où viennent les étrangers; elle est plus boisée sur les chemins, et par conséquent plus fraîche.

Après Castel-Viel, on passe le pont de Lapadé, et lorsqu'un pont s'offre à droite, celui de Ravi, allant à la vallée de Lys ou Litz, on continue devant soi en montant : c'est la route d'Espagne.

Bientôt le chemin se bifurque : l'un continuant à monter, l'autre descendant à droite par une inclinaison jusqu'au Gave. C'est celui du

BOCAGE DES DEMOISELLES,

3 heures 40 minutes.

Nous ferons sagement de commencer par là, si nos projets se limitent à l'Hospice.

Suivons ce sentier qui nous mène aux eaux vives et ombragées. Un petit pont s'offrira à droite, presque caché sous des feuillages d'aulnes; nous le traverserons, et ce gracieux chemin nous conduira sous l'ombrage jusqu'à la belle pelouse de Jouéou, où un tas de pierres amoncelées à gauche et un petit arbre sur des ruines indiquent un ancien hospice des Templiers, lorsque le port de la Glère était fréquenté.

Ce sentier traverse la pelouse, continue, à travers des buissons de houx et de noisetiers, jusqu'à un petit pont jeté sur les eaux qui descendent de la Glère. On le laisse à gauche, on remonte le sentier près le gave de Glère, on laisse encore un autre pont quelques pas plus loin, et, traversant sur les débris d'un ravin à sec, on arrive sans peine à l'antre ténébreux, ou très frais bocage, au fond duquel glisse une cascade entre des roches perpendiculaires couvertes de végétation.

Comme l'humidité est très grande, il faut repartir vite. On redescend jusqu'au petit pont qu'on a le premier laissé à gauche, on le traverse et on grimpe devant soi à travers une belle forêt. On entend bondir à sa gauche les eaux de l'Hospice; la montée est quelques moments pénible et suit sous de beaux ombrages; une clairière se présente formée par les débris d'avalanches et d'ardoisières. On continue le sentier, et, avant d'arriver au torrent transversal, un chemin rapide sur la droite mène directement à la

CASCADE DU PARISIEN,

3 *heures* 20 *minutes*,

chute d'eau intéressante par sa position et son entourage. Elle tombe par étages comme une cascade artificielle; mais les sapins qui l'ombragent, les débris d'arbres et de roches qui l'avoisinent, lui donnent l'aspect d'un repaire d'ours.

On passe la rive droite sur des troncs d'arbres disposés à cette fin, et on suit le sentier par instant boueux qui va directement à l'Hospice, où on arrive en traversant le gave du Pesson.

L'HOSPICE,

4 heures.

Cette situation est ravissante quand le temps est beau, autant qu'elle est triste enveloppée de brouillards, ce qui lui arrive fréquemment. C'est un fermage de la commune de Luchon, comme auberge et comme pacage. Un bail de 3 à 4,000 fr. par an résulte des enchères pour ce domicile peu séduisant. De malheureux Espagnols avec qui il faut disputer quelques pécètes; la visite des promeneurs pendant l'été, seraient insuffisants : le pacage doit donc être l'affaire principale, et, comme les Hospitaliers ignorent la bonne confection du fromage, il faut en conclure que tout le produit est dans l'élève du bétail. Puisse un tel fermage tomber jamais dans les mains d'une famille suisse, et un bail de plus de durée la mettre à même d'appliquer ici l'intelligente industrie de sa contrée!

La pente rapide qui s'élève vis-à-vis l'Hospice est celle par où l'on gravit au port de Vénasque, admirable ascension.

Vers l'est, la vallée s'élève plus doucement et semble mieux disposée par la nature à recevoir un bon chemin ; mais, comme il est plus long, le premier se trouve plus fréquenté.

De l'Hospice, on descend par la route boisée et agréable à toute heure ; on a les cimes de Superbagnères devant les yeux tant qu'on est dans le val de l'Hospice, puis celles vaporeuses de Luchon lorsqu'on tourne cette direction, toujours chérie des promeneurs, toujours affamés.

ASCENSION A BOCANERA,

8, 9 *et* 11 *heures*.

L'intention d'être agréable et utile offre ici une grande déviation de la routine anciennement suivie, car cette course, que l'on faisait peu, ou du moins en dernier lieu, est une des principales à notre avis, et la première peut-être pour quiconque veut saisir la topographie locale. Le baigneur même délicat et les dames résignées aux petites courses devront suivre la moitié ou même le quart de ce chemin, d'où seulement on connaît bien Luchon.

De Juzet, Sode, village perché plus haut, s'offre à gauche de celui qui regarde les anfractuosités de la cascade; le chemin s'élève insensiblement en lacets bien tracés, et, après vingt minutes, on chemine aux bords d'un ravin tellement rapide, que des arbres bordant la route, la cime des uns et les racines des autres sont au niveau du passant. Un ruisseau coule à l'entrée de ce petit village, échelonné sur une pente de gazon. On passe près de l'église, on gravit devant soi le chemin d'Artigues, à travers une petite forêt d'où les aspects commencent à être beaux. Après bien des lacets, on se trouve sous un petit sentier abrité, vrai sentier d'amour, où l'on chemine à plat jusqu'aux roches arides où Artigues semble perché, quoique en réalité de vertes pelouses l'entourent en partie.

Vu de Luchon, Artigues est un nid d'aigle; vu sur place, c'est du pastoral suave entouré de vues grandioses.

A une heure de Sode, à deux heures au plus de Luchon, ce sera le lieu d'arrêt pour les personnes délicates : c'est à peine la moitié du chemin pour la cime désirée.

De là, ou plutôt de l'embranchement du petit sentier boisé au chemin horizontal et en corniche d'Artigues, revirer à droite, suivre ce chemin jusqu'à ce qu'on se retrouve sur le vallon d'où dérivent les eaux de Juzet ; s'arrêter alors, et, considérant les pentes douces de bruyères à gauche, les monter en zigzag jusqu'aux premiers sapins qui s'offriront à gauche ; incliner ensuite sur la droite en montant la croupe pour gagner le fond de vallon où sort une source et où gît la dernière cabane des pâtres ; passer devant l'abreuvoir aux bestiaux, suivre le sentier qui mène au sommet de cette pente à gauche, puis à droite et toujours sur la croupe, tenant toujours à droite le rocher aride qui d'en bas semble être la cime ; grimper toujours vers le sommet présumable quand on longe ce rocher. puis, quand en rencontre une mare où s'abreuvent les bestiaux, considérer la cime plus éloignée vers la gauche : c'est la vraie cime. Alors, suivre ces pentes devant soi en s'élevant graduellement à gauche sur les sentiers formés par les vaches, puis passer encore à côté d'une mare à droite, au niveau du col que ces sommets forment avec le versant d'Aran; gravir encore insensiblement devant soi jusqu'à l'extrême cime, que l'on n'a pas cessé d'avoir devant les yeux. Un amoncellement de pierres signale le but. C'est là que Reboul et Vidal firent leurs observations barométriques en 1786.

On domine de là tous les points d'excursion: les vallées de Litz et de l'Hospice, de Burbe et d'Aran; les ports de Picade, Vénasque, Glère, Tus de Maopas, d'Oo; les vallées d'Oueïl, de l'Arboust, Superbagnères et Monné, Luchon et tous ses sommets, ceux d'Aran, d'Aure, de Campan; la Maladetta dans toute sa majesté, avec ses déclinaisons brusques vers l'Aragon et la Catalogne; le pic Quaïrat, l'Arbizon, le pic du midi de Bigorre, le rocher de Saint-Bertrand et le pic de Gar de Saint-Béat, etc., etc.; puis la plaine jusques et au delà de Toulouse, vaste point de vue, le plus majestueux peut-être des Pyrénées, et certes des plus intéressants, puisqu'on y voit le plus complet développement de la cime souveraine, la Maladetta ou maudite.

La dénomination locale de ce sommet est Bacaner, qui pourrait dériver de *vacca nera*.

Nous adoptons préférablement celle de Bocanera, dérivé de *bocca nera*, ou défilé étroit du pont du Roi, situé aux bases de cette montagne. On dit en patois Bouco nero.

On redescend par le même chemin ou par deux autres : l'un, dans la direction de Cier-Luchon, en se dirigeant à travers les forêts de sapins qu'on domine, amène à Casaux sur la grande route, et allonge d'une heure et demie environ ; l'autre descend droit à Lès, vallée d'Aran, et augmente d'environ trois heures par le retour du Portillon.

Cette course est donc de huit, ou neuf, ou onze heures de route.

PORTS DE VÉNASQUE ET PICADE,

10 *heures à* 11 *heures.*

Comme les journées constamment belles sont rares dans les montagnes, et que les touristes n'ont jamais que quelques semaines à y dépenser, nous mettrons à profit les temps favorables pour recommander d'abord les courses qui caractérisent le plus la localité. Ainsi, au touriste qui a peu de temps, nous dirons :

1° Allez au port de Vénasque, revenez par celui de Picade ;

2° Au lac de Seculejo ;

3° A Bocanera, si vous ne commencez par là, comme ce serait très rationnel en cas de temps clair et avec l'intention d'agir utilement, car la vue à vol d'aigle de Bocanera, l'excursion grandiose du port et la course gracieuse du lac, résument ensemble ce qu'il y a de mieux à Luchon.

Depuis quelques années, les études topographiques de M. Lesat, de Toulouse, et le zèle touriste du maire, M. Tron, ont mis en vogue deux longues courses fort intéressantes.

L'une, nommée Antécade, atteint une cime d'où on plonge sur les deux coudes de la vallée d'Aran et sur toute la vallée d'Artigue Tellin.

L'autre, Cériré, vrai coup d'œil en ballon, domine les crêtes frontières et Superbagnères, comme de Superbagnères on domine Luchon.

De ces deux cimes on voit également la Maladetta, dont on est trop près pour en suivre le développement. Ces deux courses, non indispensables au touriste pressé, seront indiquées plus loin.

Revenons à l'excursion du port :

Quand on arrive à l'Hospice et qu'on a devant les yeux ces masses de roches perpendiculaires bien au dessus desquelles se trouve le port ou passage par lequel on se rend à cheval en Espagne, l'ascension semble problématique à quiconque n'a pas fait connaissance encore avec la haute montagne. Des sensations d'effroi, de curiosité et d'admiration, résultent de cet aspect, encore plus imposant le matin avec les grandes masses d'ombre et les jets du soleil.

On traverse le ruisseau ou gave qui descend du Pesson, on monte une belle pente gazonnée, sur laquelle une foule de sentiers tracent une même direction ; on passe un second torrent, qui, descendant de la Pique, va former la chute dite du Parisien ; puis encore quelques gazons de plus en plus raréfiés, et le chemin s'élève, toujours facile. La solitude devient désert, quoique l'œil reste encore charmé par la vue de l'Hospice, qu'on domine, ainsi que ses pâturages et les pelouses de Kansor, semées de troupeaux. Tout ce qui entoure le passant, tout ce qui se présente devant lui, contraste avec ce qu'il laisse en arrière ; le cri seul de la corneille donne encore acte de vie.

On arrive au Culet, où la roche perpendiculaire laisse glisser par une fente plusieurs cascades disparaissant sous les masses de neige que son ombre conserve. C'est un lieu terrible pour l'imagination montagnarde. Les avalanches y descendent habituellement du plateau supérieur, et l'historique des victimes serait déchirant. Le frère de l'hospitalier actuel y périt en 1827. On voit aussi à gauche le trou dit des Chaudronniers, où neuf malheureux de cette profession furent engloutis ensemble sous la neige, etc., etc.

On traverse tantôt sur la neige, tantôt sur le ruisseau qui en sort, et on tourne à gauche pour monter à travers l'éboulement rapide et pierreux : c'est le rail du Culet. Les difficultés continuent sans relâche pour les yeux et s'amoindrissent en approchant, tant on a bien pris les sinuosités, serpentements et lacets, termes qui reçoivent en cette excursion leur meilleure démonstration pratique.

Au sommet du rail, toute difficulté semble finie. On entre dans une sorte de vallon sauvage qu'annonce l'*homme*, monument simple comme les lieux et leurs habitués : c'est une pierre schisteuse posée perpendiculairement, soutenue à sa base par d'autres pierres. Une source ou gave souterrain apparaît en ces lieux, entourée d'herbes vivaces et de rhododendrons. C'est là qu'il faut déjeuner, le chétif monument l'indique; le vin et les fruits apportés seront instantanément comme frappés de glace; des gazons contournés sur les roches offrent des siéges en tapis aux dames, que d'autres roches abritent du soleil, et les fleurs diverses fêtent leur présence, que charment de beaux aspects.

Les roches brusquement taillées au pied desquelles nous cheminions il y a peu, vues d'ici avec leurs cimes déchirées et les sommets de Barousse pour horizon, c'est du grandiose sévère, c'est du gigantesque qu'on a sous les yeux, tandis que le corps est suavement étendu près de la plus fraîche naïade.

Un déjeuner ici serait un but attrayant, et nous l'offrons comme épisode, comme un délassement dont nos bonnes et courageuses montures manifesteront aussi leur contentement.

D'ici la promenade continue moins rapide et sans secousse, pour complément utile du repas. Quatre petits lacs sont d'un délicieux aspect, et se déversent l'un dans l'autre avant d'aller glisser sur les roches inférieures. Leurs nuances graduées du vert émeraude au bleu d'outremer contrastent agréablement avec les teintes grises et ocrées de la montagne. Lorsqu'on les domine tous du même coup d'œil, en montant le dernier rail du port, on admire avec enthousiasme, et cependant l'esprit a bien d'autres affaires. La pente qu'on gravit alors est rapide et imposante. Le vent souffle toujours, ce vent quelquefois si sérieux que, selon l'expression vulgaire, le père et le fils ne s'attendent pas. Fort heureusement, ces rafales sont rares dans la saison de nos excursions; le sentiment seul en existe, et presque toujours: c'est la vie de ce lieu âpre, sans végétation.

Au sommet du rail, une fente de rochers s'offre, résultat du hasard et un peu du travail de l'homme: nous sommes au port. Une petite croix en fer scellée dans le rocher espagnol attire les regards et la pensée dans un lieu si sublime, où la nature impose une religion au cœur de l'homme par la crainte ou par l'admiration.

Au milieu de cette fente apparait la Maladetta aux flancs neigeux et glacés, contre lesquels les rayons solaires sont impuissants : c'est le Mont-Blanc des Pyrénées; c'est la montagne maudite et redoutée, fatale aux chasseurs et aux curieux. Le plus récent de ses griefs est la mort du guide Barrau, en 1824, le 11 août. Il conduisait deux élèves ingénieurs des mines. Partis à cinq heures du matin du plan des étangs, où ils avaient couché, ils atteignirent la moraine du glacier à huit heures; arrivés à peu de distance de la crête, aux deux tiers de la hauteur totale, ils furent arrêtés par une énorme crevasse. Barrau sonda, crut reconnaître la direction de la crevasse et s'élança ; mais la crevasse formait un coude brusque, et le malheureux disparut en gémissant, sans qu'aucun secours fût possible.

Depuis ce temps, l'ascension n'avait plus été tentée; mais en 1842, le 18 juillet, M. A. de Franqueville, jeune Français, réuni à M. Tchiatcheff, jeune officier russe, animés tous deux du désir d'atteindre ce sommet, partirent accompagnés de quatre guides : Pierre Sanio, de Luz; Jean Algaro, de Luchon, ainsi que Pierre Redonnet et Bernard Ursul, deux chasseurs intrépides et renommés.

Après quarante-huit heures de fatigues périlleuses, ils atteignirent, au troisième jour, malgré vent et brouillard, la cime vierge du Néthou, par le côté méridional.

Le thermomètre marquait 3 degrés centigrades au dessus de zéro.

Excités par ce succès, nos explorateurs s'unirent à M. Laurent, professeur de chimie à Bordeaux, et repartirent quelques jours après, munis d'instruments barométriques et hygrométriques. Cette fois ils se dirigèrent par le versant septentrional, dans la direction fatale au guide Barrau.

Leur triomphe fut complet.

La mesure barométrique a donné 3,370 mètres pour hauteur absolue du sommet culminant.

Depuis lors, plusieurs touristes ont suivi cet exemple, et la connaissance pratique des guides de Luchon en fait aujourd'hui une excursion, nécessairement pénible, mais toujours certaine.

Les eaux du glacier s'écoulent en Catalogne et en Aragon, partie même en France par le trou de Toro, gouffre peu éloigné de celui que nous apercevons du port. Les eaux disparaissent sous terre et vont reparaître à Artigues-Tellin, joindre la Garonne à Lasbordes, vallée d'Aran, et entrer en France à Fos, Saint-Béat, etc.

La Penna-Blanca, ainsi dénommée de sa couleur gris blafard, lisse et brillante au soleil, est la pente espagnole du même rocher dont une crevasse forme le port.

Nous sommes en Espagne, et la différence de nature exprime un changement de pays. En France, des eaux, des sapins, peu de neiges ; ici, des immensités de neiges, de roches nues, quelques rares forêts de pins à travers lesquelles toujours la roche aride, puis une exposition méridionale exaltant la température atmosphérique.

Ici il faut prendre une détermination : soit descendre à la jolie petite ville de Vénasque, dont le caractère tout espagnol appelle le touriste ; soit visiter le trou de Toro, passer le port de Viella, coucher à cette ville, et revenir le lendemain à Luchon par Saint-Béat ; ou, si l'on est baigneur, il n'y a pas à hésiter, il faut retourner par le port de Picade.

Alors, descendons une centaine de pas par la pente caillouteuse du sentier espagnol, et, tournant à gauche à travers de mesquins pacages, élevons-nous insensiblement au passage que nous avons devant les yeux; regardons souvent derrière nous la Maladetta et ses pentes précipitées sur la vallée de Vénasque. Les belles cimes d'Oo semblent avoir tourné avec nous pour réclamer encore notre admiration. Nous arrivons au sommet du col. Le nord est devant nous, et, quoique toujours en Espagne selon les conventions diplomatiques, nous sommes rentrés dans une nature toute française, sauvage encore, mais plus verdoyante.

On peut descendre droit à Artigues-Tellin, voir la réapparition de l'eau enfouie au trou de Toro déboucher à Lasbordes, ancien Castel-Léon, et, sans atteindre Bosost, se faire indiquer l'ancien chemin des contrebandiers par lequel les Aranais gagnent le Portillon.

	h.	m.
Du port de Picade au flux d'Artigues-Tellin.	2	»
Du flux à l'hospice d'Art.-Tellin.	»	30
De l'hospice à Lasbordes . . .	1	30
De Lasbordes au Portillon. . .	1	30
Du Portillon à Luchon. . . .	1	»
Total. . . .	6	30

De Luchon au port de Vénasque.	4 »
Du port de Vénasque au port de Picade.	1 »
	11 h. 30 m

Ce serait, avec les haltes, une course de 13 à 14 heures.

Mais nous avons entrepris le retour de Picade à l'hospice de Bagnères ; suivons cette direction.

Lorsque, après avoir descendu vingt minutes environ vers le nord, le chemin se bifurque, l'un descendant droit à Artigues-Tellin, l'autre tournant à gauche, c'est le nôtre. Nous cheminons sur une crête de roches taillées à coups de pic, d'où l'origine du mot Picade, et, inclinant plus à droite, nous semblons perchés sur la crête d'un toit d'où l'on domine les sommets catalans et les cimes de tout le Comminges.

Nous sommes dans un de ces passages intéressants que le touriste le plus consommé traverse avec satisfaction, tandis que le novice sent l'effroi et s'étonne de rester à cheval. Ce point est de courte durée. Nous inclinons bientôt à gauche sur les belles pelouses de Kansor, dans la direction de l'hospice.

Une heure plus tard, nous sommes sur les

plateaux qui dominent le vallon du Pesson et l'hospice. Nous pourrions continuer sur ces mêmes pelouses et descendre près la vallée de Luchon, en face Jouéou; mais tournons à gauche vers le Pesson; cherchons la passe d'où le sentier quitte ces plateaux, et nous descendrons, toujours à cheval, par des lacets quelquefois rapides.

Plusieurs sources se rencontrent sur ce chemin, à l'abri de rochers et d'arbustes. Nous pouvons faire une nouvelle halte si, partis en gens expérimentés, nous avons pris les vivres de la journée pour nous et nos montures; ou bien nous pousserons jusqu'à l'hospice, ce qui vaudra encore mieux que d'aller dîner à Luchon, comme on le fait d'habitude. On arrive fatigué, dérangé de ses habitudes, et l'on ne peut recommencer impunément.

Le chemin du Pesson passe sous le feuillage de beaux chênes, aux rives du Gave naissant. L'arrivée à l'hospice est mille fois délicieuse si un bon dîner nous y attend.

VÉNASQUE, VILLE ESPAGNOLE,

9 *heures pour aller* (*compris repos d'1 heure*).

Du port, un chemin pierreux suit les pentes

rapides et brûlantes de la Penna-Blanca. Il est très praticable et très pratiqué, mais bien différent de celui tracé sur le versant français. Les mulets seuls l'ont frayé, et les pierres arrondies qui couvrent le chemin dans toute sa longueur invitent peu aux jouissances de piéton. Il descend toujours raide jusqu'au petit hospice espagnol, dont le site n'est pas aussi rassurant que celui de l'hospice français. Il fut détruit en 1826, pendant la nuit, par une avalanche qui engloutit cinq femmes et trois enfants endormis. L'hospitalier était absent. On ne trouva des vestiges de leurs cadavres que plusieurs mois après.

La petite cahute enfumée qui s'y trouve actuellement, le pittoresque et le coloris huileux des habitants, fixent l'intérêt du promeneur, qui ne manque jamais de faire halte sur les gazons qui l'entourent.

Le chemin continue pierreux ; de belles cascades mugissent en cataractes au milieu d'une nature toujours sévère. L'établissement sulfureux de Vénasque s'élève, peu confortable, à gauche au dessus de la route, et on arrive jusqu'à Vénasque plus charmé des sites que du chemin.

La petite ville s'annonce par un castel avec bastions et créneaux, très peu imposants par leur structure, mais d'un aspect pittoresque.

Dans un beau bassin, aux rives d'un gave tranquille, elle conserve un caractère d'étrangeté, attrait du touriste. Sa distance du port est celle du port à Luchon.

Quelques lieues au delà est une course remarquable jusqu'à Campo, où les rochers se resserrent brusquement et présentent de ces aspects de nature alpestre rares aux Pyrénées.

LAC DE SECULEJO,

6 *à* 7 *heures.*

Après le port de Vénasque, c'est la seconde course à faire de la part du touriste pressé, quoique nous l'ayons méthodiquement placée en troisième. C'est une localité dont l'aspect doit offrir de douces jouissances et de doux souvenirs; c'est un site célèbre, raison plus forte encore pour beaucoup de personnes.

Aux mois de juin, juillet et août, où le soleil s'élève plus perpendiculaire et plus chaud, il importe d'être à cheval à cinq heures, cinq heures et demie du matin, si on a le désir d'exécuter une promenade délicieuse : car alors on arrivera jusqu'au lac toujours à l'ombre ; tandis qu'en tardant on s'expose à plus de fatigue et à moins d'agrément. Toute personne de goût connaît l'influence, sur les sites, des grandes lignes d'ombre et des jets de lumière ; combien un aspect, monotone et insipide à telle heure, sera grandiose et sublime à telle autre. Là est tout le secret du désaccord entre l'esprit artistique et l'esprit vulgaire.

Si donc la raison matérielle de santé ne s'oppose au départ matinal, sachons être pressés, et emportons des vivres pour savourer, dans une atmosphère plus limpide, les jouissances positives de l'estomac. Les premiers rayons du soleil nous atteindront peut-être aux villages de Saint-Avantin et Castillon ; à Casaux, nous les quitterons en saluant sa petite église, qui, à cette heure, est éclairée avantageusement.

Un peu avant de l'atteindre, le chemin se divise, une partie passant près d'elle, pour se rendre au port de Peyre-Sourde et aux derniers villages de l'Arboust ; l'autre à gauche, c'est le nôtre, descend à travers le village de Casaux, près d'un abreuvoir, puis encore un peu, et incline sur la droite près d'une Madone, remonte, tourne un ravin et nous conduit en vue d'Oo.

Ce village, que précède et domine une tour carrée en ruines, comme Castel Viel, semble acculé aux montagnes, qui s'éloignent à mesure qu'on approche. Le chemin longe le torrent, nous amène sur une espèce de plage devant une petite croix en pierre qui, avec le pont et les cimes neigeuses, offriront un tableau complet à l'heure du retour. Nous avons mis une heure vingt minutes de Luchon ici, pour peu que nous ayons trotté.

Franchissons ce petit pont gracieusement construit sur un gave ici paisible; nous entrons dans le val d'Asto, dont cette partie inférieure est charmante; nous courons sur des chemins ombragés de frênes, cernés de pelouses bien arrosées et inclinant jusqu'au gave, où les digues de plusieurs petits moulins motivent de bruyantes cataractes. Pendant trente-cinq minutes, nous sommes sous l'influence d'une nature riante, que dominent, il est vrai, quelques sommets âpres. Tout à coup la végétation cesse; une nature plus sévère s'offre, avec le silence du désert; le gave est redevenu silencieux, parceque son cours est plus libre. De gros blocs, épars dans ce vallon, témoignent de catastrophes passées et futures; cependant une petite pente à gauche du chemin offre encore quelques granges, que nous atteignons en cinq minutes. Dans cette solitude majestueuse, nous sommes sur des éboulements; les sapins assombrissent le rocher vers lequel nous nous dirigeons.

Après trois quarts d'heure, nous dominons la vallée, et, sous l'ombrage des sapins, nous reconnaissons l'ardeur du soleil et les avantages du départ matinal; puis, encore quelques pas, nous tournons le rocher; le gave gronde de nouveau à notre droite: l'émotion nous gagne en approchant. L'eau s'échappe bouillonnante du lac, que nous ne pouvons voir encore. Au dessus est un ruban de cascade en vapeur, un petit pont en dessous, que nous traversons vite; nous grimpons au galop, et un aspect de belle nature impose recueillement et silence!!!

De huit à neuf heures du matin est l'heure matinale de cette vue. Toutes les pentes de gauche sont vaporeuses; la cascade elle-même ne brille que du sommet et du point où elle se brise; les pentes de droite reçoivent la lumière et se reflètent dans une eau bleu sombre.

La forme intérieure du lac est supposée celle

d'un entonnoir incliné relativement aux pentes qui se voient. Sa profondeur est de 80 mètres; sa surface rond-ovale est de 240,000 mètres; la chute a 310 mètres de hauteur depuis les pierres sur lesquelles elle achève de glisser au lac.

C'est à cette heure, si le temps est beau, que nous devons arriver. Le site a toute sa grandeur, une majesté digne des grands phénomènes de la nature et du soleil qui les décore: les devants de roches couvertes de gazons qu'il dore et argente, le bleu harmonieux du lac en opposition de ses digues grisâtres que surmontent le rose pic Quaïrat ou carré et des cimes blanches sous un plafond d'azur; puis, le silence de la montagne, des bestiaux, des pâtres, etc., etc.

Ici, dans une petite cabane que la spéculation a élevée sur ces roches désertes, un déjeûner s'offrira, bon si nous avons apporté de bons vivres; ou, dans tous les cas, des truites bien fraîches et l'assaisonnement de l'appétit qui nous presse.

Si nous sommes de zélés touristes, prenons nos jambes et nos vivres, laissons nos chevaux à l'écurie ou au pacage, et grimpons encore une heure plus haut, au lac d'Espingo, solitude ravissante et réelle, qui nous récompensera amplement.

LAC D'ESPINGO,

1 heure plus haut.

Après avoir passé le petit pont d'arrivée et tourné à droite pour revenir aux rives de l'eau, un bon chemin, nouvellement tracé, nous élève insensiblement au dessus du lac et passe près des filets d'eau argentés que nous regardions à gauche. Un entaillement, ou petite gorge, s'offre devant nous; nous le franchissons à travers une montée pierreuse. La solitude d'Espingo est à nous : belles pelouses, jolie nappe d'eau où se précipitent des roches perpendiculaires, des pentes couvertes de pins tortueux, et une cime majestueuse et grandiose, avec déclinaisons sur le lac inférieur. Artistes! montez au lac d'Espingo: quelle que soit la faible étendue du lac, comptez sur du grandiose; et vous, âmes poétiques et inquiètes, pour qui la nature est un aliment; et vous, âmes mélancoliques, qu'attire toujours une belle solitude!

Au lac d'Espingo, vous êtes dans les domaines de l'aigle ou du pastoral fier ; la nature est à vous, les neiges à votre niveau, et trois autres lacs, dont deux glacés, s'offriront encore si vous montez jusqu'au port d'Oo. Mais cette excursion pénible et belle ne convient qu'au marcheur vigoureux, au naturaliste géologue ou à tout esprit ardent à connaître le pas hardi du contrebandier.

Pour nous, touristes, amis des jouissances et modérés dans nos fatigues, restons au niveau des neiges ; promenons-nous aux rives du lac ; cherchons un sentier sur les roches arides de droite pour nous conduire à la sortie de ce lac, lorsque, redevenu gave limpide, entouré de gazon et de fleurs, il se prépare à une chute imposante. Asseyons-nous à l'ombre de vieux pins ; le Quaïrat sera devant nous, et nos estomacs savoureront les aliments les plus simples. Nous redescendrons ensuite par où nous sommes montés, et de nouveaux sujets d'admiration se trouveront au retour.

Quand nous revenons à la cabane de Séculéjo, ce n'est plus le même site ; le soleil a tourné, et les masses lumineuses sont actuellement des masses d'ombre. La chute s'offre éblouissante, reflétée par toute l'étendue du lac, dont les eaux prennent une couleur plus chaleureuse et plus verte. Nous applaudissons à la belle nature, tout en n'éprouvant plus cette poésie d'Espingo.

Une auberge, un impôt inattendu, sont des souvenirs de la vie sociale.

Au lieu d'avoir planté quelques groupes de sapins, pour l'agrément des visiteurs et la justification d'un tribut dans un lieu clos, on a détruit les arbres, même sur la route. Ici il faut griller au soleil et manger dans une espèce d'écurie ou sous un hangar.

Et il est triste, dans l'intérêt de la contrée, que des contestations surgissent sans cesse en si beau lieu.

La descente que nous allons suivre, toujours à cheval, prouve les travaux faits sur ce chemin communal; mais rien n'excuse la forme de cette exigence fiscale.

Quand nous repasserons au pont d'Oo, il sera quatre heures ou quatre heures et demie. Faisons halte sur la place caillouteuse; ayons devant nous la petite croix en pierre, le torrent et le pont à gauche, de belles végétations à droite, puis des sommets âpres, des neiges éternelles. Voilà un tableau comme les artistes composent, et qui prouve à cette heure que la plus belle composition est la nature vue à propos.

Si nous ne sommes pas pressés, entrons quelques pas dans le village voir la place de l'église, que sa situation et de grands vieux ormes rendent pittoresque. Retournons sur nos pas, ou plutôt continuons à suivre le chemin qui, passant près de l'église, remonte directement au plateau sur Casaux. Là est une chapelle en ruines d'où la vallée de l'Arboust, vue de ses trois côtés, offre à cette heure de beaux aspects; c'est un détour de vingt minutes environ. De là on repasse devant la charmante église de Casaux, Saint-Avantin, Pont-de-Trébons et Luchon, où un bon dîner sans doute, un peu de feu s'il est tard, nous ranimeront délicieusement et étourdiront momentanément la vivacité d'impressions destinées à renaître plus tard et plus vives.

LA VALLÉE D'ARAN,

BOSOST.	LÈS.
5 *h.*	6 *h.* 30 *m.*

sera la quatrième excursion conseillée, que nous limiterons à Lès, pour délasser des trois longues courses précédentes. Cependant, comme les entreprises dans les montagnes doivent toujours se modifier avec l'influence atmosphérique, si le temps est parfaitement beau, sans nuages, sans vapeurs, il convient d'en profiter pour l'ascension facile du Monné; mais marchons méthodiquement, comme indicateur.

Si on n'entreprend qu'une promenade à Bosost et Lès, il faut :

Pour aller à Bosost. . . .	2 h. 30 m.
De Bosost à Lès.	» 45
	3 h. 15 m.

Aller et retour, 6 h. 30 m. à 7 h.

On traverse Saint-Mamet, tournant de l'église à droite vers les montagnes et Castel-Viel; quand on a dépassé le Castel et qu'on incline à gauche, le chemin se bifurque, partie inférieure, partie plus montueuse, plus fréquentée et meilleure : c'est le nouveau chemin d'Espagne. Il passe bientôt sous la cascade Pich de Vergès, s'élève rapidement et domine en fuyant les pentes de Luchon; il entre dans de fraîches prairies que la Burbe arrose en donnant son nom à la vallée.

Au bout des prairies, la montée du port commence. Quand, acculé au fond du vallon, au milieu des sapins, un chemin monte rapide devant nous, il faut s'en défier et tourner à droite par le plus frayé; il tourne le but pour l'atteindre plus facilement et plus vite. Après plusieurs circuits montueux sous les noirs sapins, un espace clair apparaît près d'une masure; les rayons solaires nous chauffent, nous sommes en Espagne. Sortant d'un ombrage humide, un soleil chaud nous réjouit et nous illusionne d'autant mieux si nous rencontrons quelques bonnets rouges: car ces vallées sont françaises de leur nature, l'ont été administrativement sous l'empire, et doivent revenir à leur condition naturelle, échangées un jour contre d'autres vallées françaises de convention et espagnoles de nature.

Un sentier rapide et pierreux nous descend près d'un gave naissant où s'embranchent plusieurs sentiers, deux à droite, par le dernier desquels on vient directement de Lasbordes.

Un poste de douaniers espagnols est depuis peu placé quelques pas avant.

Continuons devant nous, après cet embranchement, sur le terrain plat quelques instants. Le chemin s'enfourche bientôt avec un à gauche, dont nous nous abstenons. La descente va se présenter. Bosost est sous nos pieds et ses toits d'ardoise lui donnent l'air d'un village français. L'aspect de ce riche bassin où brille la Garonne, la vue de Lès, de Canejan, perché sur la montagne, et ces roches abruptes que nous savons être la frontière du Pont-du-Roi, ces belles pelouses près desquelles nous descendons, tout charme cette descente rapide.

Nous entrons à Bosost deux heures un quart environ après avoir quitté Luchon. La police aux chevaux reçoit notre tribut d'une pécète (50 centimes), qu'il faut s'empresser de satisfaire, afin d'éviter tout désagrément. L'église, peu intéressante, est une visite d'usage; puis on se rapproche du pont sur la Garonne, sans le traverser. On suit la promenade en descendant la rive gauche; un passage s'offre à travers des roches brisées majestueusement; un mugissement gronde plus bas; les flots resserrés se précipitent; des troncs de sapins flottent, heurtent contre le roc et produisent des effets de tonnerre, des émotions de terreur. On peut mettre pied terre au delà des rochers, et le touriste, ami du beau, goûtera ce spectacle après avoir traversé le petit pont jeté sur ces rochers, ou bien il attendra le retour par l'autre rive. Un fort sur un rocher semble ajouter à la résistance naturelle du passage, après lequel le chemin court sur un terrain plat jusqu'à Lès.

Une gracieuse construction, aperçue à droite, est l'établissement thermal de Lès, où nous nous rendons. Le logis des baigneurs est l'ancien château, où nous déjeunerons si nous ne l'avons fait à l'auberge de Bosost.

Après le pont, tournons la principale rue à gauche; le dernier portail de droite, sur un verger, nous y mène. Cette habitation, peu seigneuriale, nous offre abri, fleurs, fruits, café, chocolat, vins et cigares d'Espagne.

Nous irons voir les jolis bains créés par M. Badin (de Toulouse), avec projet d'y adjoindre un hôtel dans le genre gothique. Rêve évaporé! comme celui de tant d'autres prospérités pour M. Badin! et pour sa vallée adoptive!

Dépassant ensuite de deux cents pas sur l'herbe, nous considérerons l'ensemble des bains, du village, du castel en ruines; de Canéjan, situé sur les rochers qui ferment le domaine d'Aran, au Pont-au-Roi; puis le rideau montagneux de Saint-Béat. Cet aspect, à deux heures, forme un tableau.

Si nous sommes partis tard de Luchon pour voir seulement Lès et y bien déjeuner, nous aurons toute satisfaction d'un but atteint; nous retournerons par l'autre rive, celle des bains. L'accès sera facile à voir les eaux mugissantes. Halte un moment! C'est, en ce genre, du beau et du terrible : n'y passons pas nonchalamment.

Nous arrivons de là à Bosost en traversant le pont, et nous remontons la pente que nous avons descendue.

PONT-DU-ROI, FOS, SAINT-BÉAT.

Total, 11 *heures*.

Si le départ de Luchon pour Lès a été matinal, c'est-à-dire vers cinq ou six heures au moins, on peut allonger la course en retournant par Bocanera ou par Saint-Béat.

Par Bocanera, il n'y aura allongement qu'autant qu'on montera à l'extrême cime; autrement, le passage seul pour redescendre à Juzet n'exigera guère plus de peine que par le Portillon.

Par Saint-Béat :

De Lès au Pont-du-Roi . .	1 h.	15 m.
Du Pont-du-Roi à S.-Béat .	1	45
De Saint-Béat à Luchon . .	3	»
De Luchon à Lès.	3	15
Haltes diverses.	2	»
Total. . . .	11 h.	15 m.

Au delà de Lès, le hameau de Pontaout, ainsi dénommé d'un pont hardi sur la Garonne, est le pied de l'espèce d'échelle qui monte à Canéjan. Le défilé commence et se resserre de plus en plus jusqu'au Pont-du-Roi, frontière intéressante sous les points de vue historique et pittoresque. Un passage étroit, où une armée peut être arrêtée par quelques hommes, explique l'état exceptionnel et les priviléges dont a pu jouir long-temps cette vallée d'Aran.

Celtique et romaine, elle eut toutes les destinées de Luchon : tantôt tributaire du Comminge, et tantôt de l'Aragon. Elle fut cédée en 1192 à l'Espagne, parceque Béatrix, fille de Bernard, comte de Comminge, épousa un seigneur d'Aragon et l'eut en dot. Son spirituel continua à dépendre de l'évêque de Comminge jusqu'en 1802, où il passa à l'évêque d'Urgel. Devenue française sous l'empire, elle fut rendue en 1814 à l'Espagne, dont elle continue à dépendre, jusqu'à ce que quelque transaction amiable la replace dans sa sphère naturelle.

Après le Pont-du-Roi, que la fureur des flots resserrés enlève fréquemment, le chemin passe sous la vieille tour de Pomorin, et le poste de douane est la première habitation française.

Des scieries, des tas de roules bordent la Garonne, qui fuit bruyamment au niveau des prairies. Une longue avenue d'arbres conduit jusqu'à Fos, petite ville qu'a enrichie son commerce avec l'Espagne au temps des priviléges de la vallée d'Aran. Aujourd'hui, c'est encore un gros bourg assez commerçant, dont la riche vallée s'étend jusqu'à Saint-Béat.

A Fos commencent les routes carrossables, et c'est le rendez-vous des équipages de Luchon. Quatre promeneurs arrivent en voiture, quatre à cheval par la montagne. L'échange se fait à Fos. Chevaux et voitures emportent chacun leurs nouveaux maîtres.

LASBOBDES, ARTIGA DE LIN, VIELLA.

6 *h*. 8 *h*. 12 *h*.

Course totale 15 heures.

Notre esprit est attiré sur la vallée d'Aran. Continuons les indications sur elle, sauf aux touristes à entremêler d'autres courses.

Pour cette dernière course entière, quinze à seize heures sont nécessaires : il faut être vrai touriste. A cheval, entre trois et quatre heures du matin, nous traverserons de nuit la jolie vallée de Burbe aux cris plaintifs de la chouette, et nous recevrons les premiers rayons solaires sur le versant espagnol. Bosost exigera notre passage pour la police du cheval, autrement nous abrégerions; mais la route de Bosost à Lasbordes a de l'intérêt. Elle remonte la rive gauche de la Garonne et passe près de magnifiques masses granitiques, où le gave resserré, de gros arbres suspendus sur l'abîme, méritent un regard. Puis on est ensuite en vue d'un village groupé sur la pente d'un mamelon que couronne un castel en ruines. C'est Lasbordes, ancien Castel-Léon et ancienne capitale d'Aran.

Un pont précède ce village, sur les eaux d'Artiga de Lin, qui se versent tout près à la Garonne. C'est vers la source de ces eaux que nous allons gravir.

Arrivons à l'église, tournons à droite et remontons sur la rive droite de ce nouveau gave ou guéou de Artiga de Lin. Environ après une demi-heure, nous trouvons un pont que le chemin traverse sans hésiter, et dès lors nous sommes sur la rive, que nous ne quitterons plus. Nous défiant du pont suivant, et gravissant alors devant nous sur la gauche, nous apercevons bientôt l'ermitage, hospice ou ferme d'Artiga de Lin. C'est un beau bâtiment, avec ailes et terrasse, adjoint à une chapelle : abri des voyageurs, attrait des pèlerins.

Une demi-heure au delà, sur le chemin du port de Picade, mugit une cataracte dont le grondement affecte le voyageur. A travers le feuillage, on aperçoit difficilement la réapparition de l'eau enfouie au trou de Toro. Cette eau, sortie de la Maladetta, bouillonne sur un amas rapide de roches brisées, apparaissant ici après une marche souterraine de quinze à vingt kilomètres, et s'élevant quelquefois, en juillet, jusqu'à sept ou huit mètres de hauteur. Ce phénomène naturel est placé sur l'autre versant du gave, de sorte que, si on désire l'examiner de près, il faut tourner un peu au dessus et dépenser une heure environ. Mais son point de vue pittoresque est insignifiant.

Rétrogradons à Lasbordes, et reprenons la route de Viella ; restons toujours sur la rive gauche jusqu'au pont d'Aubert. Viella est l'espace d'une heure au delà, et, vue à moitié de ce chemin, elle se présente majestueuse sur des pelouses vivaces que dominent des sommets parsemés de neiges. Une foule de clochers s'élèvent entre ses chétives maisons, et un fortillon réédifié pendant la dernière lutte politique est le séjour d'un gouverneur qui administre la vallée avec l'aide d'un juge suprême dénommé gran-judex.

Il est inutile d'aller plus avant si l'on ne compte pas découcher.

De Lasbordes on se fera montrer l'ancien sentier de contrebande qui va droit au Portillon, et l'on rentrera à Luchon à la nuit tombante.

Si l'on veut coucher à Viella, on verra l'église gothique de Mitg-Aran, située sur l'emplacement d'un autel de sacrifices païens, Aram, origine du nom de la vallée. On pourra remonter les deux vallées qui débouchent à Viella; celle de gauche jusqu'à la source de Garoun, près Montgarri, et le port d'Orte, ou encore aux ports de Pallas, Caldak et Rieus, etc.; celle de droite, où descend le Negro du port de Viella, par lequel on communique à Vénasque (Aragon).

Pour ces dernières excursions, on peut encore aller de Luchon à Saint-Béat, visiter Lès, Bosost, Lasbordes, monter la charmante vallée de Artiga de Lin et coucher à Viella.

Le deuxième jour, monter aux divers ports à gauche.

Le troisième jour, monter le port de Viella et descendre à Vénasque.

Le quatrième jour, revenir par le port de Luchon ou de Picade.

SUPERBAGNERES.

4 heures 30 *minutes directement.*
6 30 *par Saint-Avantin.*

Après les fatigues précédentes, reprenons haleine, et, bien que nous aimerions monter de suite au Monné, il sera plus sage de faire une petite course. Superbagnères remplit ce but. Soyons matinal, cependant, si nous voulons trouver les objets convenablement éclairés. Que six heures nous trouvent à cheval, si nous ne nous baignons pas.

Suivons l'allée dite des Soupirs, et laissant le pont de Mousquérès à droite, continuons droit devant nous. Nous arrivons à un très petit pont sur le Gouéou ou gave de Gouron. Reculons quelques pas et montons brusquement un charmant petit sentier en zigzag, bordé de prairies et de noisetiers. En vingt-cinq minutes nous arrivons aux premières granges, où plusieurs sentiers se croisent. Attention : tournons le premier sentier à droite sur la même prairie. Ce sentier va nous mettre dans le chemin creux, espèce d'aqueduc, qui atteint directement en vingt minutes le petit hameau ou réunion de granges de Gouron, dépendance de Saint-Avantin.

Passons le pont d'arrivée, montons aux maisons et repassons un peu au dessus, à gauche, un autre pont sur le même cours d'eau. Lorsque le chemin se bifurque, prenons à gauche et montons bien attentivement les lacets à travers les sapins, car plusieurs sentiers d'exploitation pourraient ici nous tromper; restons long-temps sur la même croupe en vue du ravin à notre droite; la même croupe doit nous mener au sommet. Lorsque le sentier semble nous diriger dans ce ravin, après un quart d'heure environ, continuons à monter à gauche : le chemin nous portera alors vers le versant de Luchon, et nous pourrons ensuite monter tranquilles, suivant toujours le sentier le plus rapide. En quarante-cinq minutes depuis Gouron, nous devons arriver aux pâturages de Superbagnères.

Au sortir des sapins, l'œil est surpris par de magnifiques pelouses qu'il domine, et qu'on ne soupçonne pas du fond de la vallée; les crêtes frontières et la Maladetta terminent l'horizon d'un tableau riant et pastoral. Mais quinze

minutes encore gravissons à notre droite ces pentes rapides qui nous promettent une vue plus vaste ; l'extrême cime domine la croupe qui nous a amenés, et là, sur un plateau encore assez étendu, tout ce qui nous entourera sera sujet d'admiration :

Luchon sous nos pieds, sa vallée, ses villages ; la vallée d'Aran vue par dessus le Portillon et son village d'Arres ; Bocanera et toutes les pentes que nous avons gravies ; les ports de Picade, de Vénasque, de la Glère, de Maopas, des Toas, et les neiges de Carabioules, séjour des crabes ou isards ; puis la cime blanche de la Maladetta, l'Arbizon, dominateur des vallées d'Aure et de Campan, et la vallée d'Oueïl, développée sous notre vue jusqu'à la cime de son Monné, que nous gravirons bientôt.

Près de nous est ce pic Quaïrat ou carré, dont la forme facilite la reconnaissance ; plus à droite est la cime de Cériré, qui nous semble si proche. Suivons la crête devant nous, à droite, qui nous conduit à sa base : nous serons bientôt à cheval sur la vallée de Litz et sur celle de Gouron ; de là se distinguent les cascades connues. Là il faut prendre un parti.

1° Descendrons-nous directement à la vallée de Litz ? En n'allant pas aux cascades, c'est à peu près la même distance que par où nous sommes venus.

2° Suivrons-nous le sentier de l'Arboust, qui, longeant les sommets de Gouron, va descendre sous Casaux ? ou bien,

3° Sur les traces de ce premier sentier, irons-nous, à la piste des premières eaux de Gouron, tomber directement sur ce hameau, et de là suivre le chemin qui descend facilement à Saint-Avantin ? *E viva* pour cette dernière tournée, plus neuve, qui ne manquera pas d'approbations.

Mais instruisons d'abord ceux qui veulent descendre à Litz. Ils descendront sur les belles pelouses que nous avons admirées en arrivant, près l'abreuvoir des bestiaux ; c'est là qu'il leur convient de déjeuner, près de la source ; puis, continuant le sentier tracé devant eux, ils tourneront un peu à droite sur le versant de Litz, et la descente à travers prairies, chalets et bois, les mènera en une demi-heure sur les pelouses de la vallée.

Le sentier qui incline à l'Arboust est tout tracé sur les cimes de Gouron.

A nous, amis du nouveau ! Suivons la pente

de Gouron. Aux premières eaux, halte et déjeuner. L'observation des lieux nous tracera les pentes qu'il faut suivre jusqu'aux sapins plus bas, où le chemin sera plus facile. Nous avons fait station dans un lieu pittoresque orné de fleurs, nous allons bientôt rencontrer de beaux sapins, sous l'ombre desquels nous arriverons sans peine à Gouron, et de Gouron le sentier de Saint-Avantin nous paraîtra une grande route ; nous allongerons d'une heure environ, mais que de satisfaction dans cet agréable chemin !

SUPERBAGNÈRES,

PAR LE BOIS DES BAINS,

4 heures 30 *minutes à* 5 *h. de marche à pied.*

De l'établissement à la fontaine d'Amour et rocher au dessus. .	» h.	25 m.
A la chaumière où on vend du lait.	»	5
A la dernière grange près des sapins, avec 5 m. jusqu'à la pre-		
A reporter. .	»	30 m.

Report . .	» h.	30 m.
mière ravine.	»	30
Après avoir traversé la 2e ravine et monté au dessus des sapins. .	1	20
Du sommet des sapins à la cime. .	»	40
Total de la montée. . . .	3 h.	» m.
Descente sur croupe même de la cime vers Gouron jusqu'aux prairies.	1 h.	» m.
A la descente en vue du pont de Mousquérès	»	40
Du pont de Mousquérès à l'établissement.	»	20
Descente.	2 h.	» m.

MOULNÉ ou MONNÉ (vallée d'Oueïl).

Pour atteindre le sommet 3 *h.* 45 *m.*

Avec retour par Jurevielle 8 *à* 9 *h.*

Avec retour par Crête de Coubous 8 *à* 9 *h.*

Avec retour direct 7 *à* 8 *h.*

Enfin nous voilà au parallèle de Bocanera.

Ces deux cimes, comme deux tours immenses, explorent tout le domaine de Luchon. La vallée d'Aure, sous le Monné, et la vallée d'Aran, sous Bocanera, conduisent toutes leurs eaux à la Garonne. Ce sont donc deux observatoires au centre de la chaîne des Pyrénées, spectateurs des plus hauts sommets et de leurs déclinaisons vers la Méditerranée ou l'Océan.

On suit la route de l'Arboust presque jusqu'à la chapelle miraculeuse de Saint-Avantin; au dernier et court lacet avant d'y toucher, on prend devant soi le chemin de la vallée d'Oueïl et on conserve sans cesse le torrent à sa droite. Après une courte montée, on passe près d'un abreuvoir et quelques maisons : c'est Benqué-dessous. On continue devant soi : quelques pas plus loin est Benqué-dessus, à cinquante-cinq minutes de Luchon.

Ici, après l'église, il faut passer à gauche, sous un toit de grange, pour entrer dans le hameau, puis tourner la rue à droite, et encore à droite, après la dernière maison, passer sous un autre toit de grange ; au premier embranchement, prendre la droite ; au deuxième, la gauche, par où on s'élève un peu, pour redescendre près le pont de Saint-Paul ; on monte quelques pas le chemin qui va aux sapins, puis on prend à droite un sentier à travers la prairie longeant le torrent à faible distance. Un autre pont se présente, celui de Maïrègne, dont l'église pittoresque attire gracieusement le regard; elle intéresse plus encore vue du village, avec la Maladetta pour rideau horizontal. Continuer devant soi le petit sentier sous les frênes qui bordent le gave. Vient un troisième pont, celui de Coubous; le sentier alors est à peine tracé; on longe la scierie, on suit la rigole à travers la prairie, toujours près du gave; on arrive au quatrième pont, celui de Cirès, que décore aussi une église pittoresque, et l'on suit toujours la même direction, bien que rigole et sentier deviennent invisibles. Lorsque les prés ne sont pas fauchés, on peut passer le pont, et, traversant Cirès, on arrive presque aussitôt à Bourg, que l'on traverse également toujours courant devant soi; mais, si les prés sont praticables, on se maintient sur la précédente rive à soixante pas environ du gave, et on s'élève sur les petits mamelons qui le dominent.

On continue devant soi sans relâche, laissant encore à droite un cinquième pont, celui de Bourg, dernier village sur la pente d'une montagne aride, où de grosses pierres superposées aux maisons menacent depuis des siècles la fragile humanité.

On se dirige à la montée qu'on a devant les yeux : la cime la plus distante est le Monné; on passe alors un petit pont près d'une scierie mue par le gave qui descend de la belle sapinière de gauche; on fait un léger crochet à droite près d'une madone, où l'arbre planté pour la Saint-Jean de l'année suivante témoigne de la constance des vieux usages. C'est là que commence l'ascension.

De Luchon à la madone de Bourg .	2 h. 15 m.
Au port de Peyrefitte.	1 »
A la cime.	30
	3 h. 45 m.

De vieux et beaux sapins bordent la pénible montée pour nous distraire des secousses du cheval. De grands rochers, à droite, sont éclairés des rayons du matin, et, dans la majestueuse solitude où nous avançons, il y a récolte d'émotions et sensations.

Après une heure, on atteint le port de Peyrefitte et la pierre schisteuse fichée en terre comme monument du passage. Les pentes boisées de l'autre versant sont sous nos yeux, ainsi qu'un petit lac sur la gauche. Déjà l'aspect est grandiose et étendu ; mais, en s'élevant une demi-heure encore sur la pente de droite, que le cheval gravira aisément, on aura franchi la région exclusive de l'aigle. On dominera une mer de montagnes : la Maladetta et les cimes dentelées de Catalogne, les masses neigeuses d'Oo, les gorges de Clarbide, de la Pez, de Biels ; les tours du Marboré, derrière lesquelles brille la tête blanche du Mont-Perdu ; plus près de nous, le triste Arbizon, l'intéressant pic du midi de Bigorre, les rochers d'Espade au Tourmalet ; puis enfin les maisons éparses d'Arreau sous nos pieds, et toute la vallée d'Oueïl ; les sommets de Barousse, de Comminge, de Bigorre ; la plaine de Tarbes et l'interminable horizon de Toulouse.

Après une pause suffisante, qu'il convient d'employer à déjeuner en vue de tant d'immensité, on pense au départ, et plusieurs directions s'offrent pour le retour : l'une, sur les plateaux de l'Arboust, descend à Jurevielle ; une autre incline vers la Barousse et suit les plateaux qui la séparent d'Oueïl : c'est celle que nous préférerons. Nous descendrons par Coubous ou Saint-Paul, et la Maladetta sera toujours devant nous.

Si on est venu voir le soleil levant, on a du temps devant soi : on peut descendre aux bains de Ferrère, dont la vallée part immédiatement sous le Monné ; on reviendra par Mauléon, Sainte-Marie et Cierp.

On peut encore, de Mauléon, monter voir les marbres de Sost, revenir visiter le château de Bramavaque, et coucher à Saint-Bertrand, pour regagner Luchon le lendemain, en visitant Saint-Béat.

PROMENADE A MAÏRÈGNE.

3 *heures* (*aller et retour*).

Sur le chemin du Monné, ce petit village mérite une visite spéciale : c'est un agréable but de promenade pour les personnes qui craignent la fatigue.

Suivre l'indication précédente jusqu'au pont de Maïrègne. C'est le plus riche village de la vallée; il respire aisance et bien-être : de frais gazons à ses pieds, d'abondantes moissons sur ses pentes ; abrité du nord par des sommets arides, regardant au midi de sombres forêts de sapins sur lesquelles se détache sa pittoresque église, élevée sur un mamelon, et au dessus de laquelle des neiges éternelles complètent un charmant tableau.

Quand on arrive, on longe l'église ; un sentier s'offre à droite à travers champs : c'est celui qui communique à Saint-Paul et par lequel il faut revenir. Les neiges d'Oo, vues de ce sentier, se prolongent et semblent s'unir à celles de la Maladetta. L'église Saint-Paul est aussi dans une situation délicieuse. Une ancienne habitation seigneuriale, près de laquelle on passe, témoigne des avantages de ce séjour. On suit le chemin de Sacourviel, village situé sur une pente très rapide ; on va passer à la tour dite *Castel-Blancat*, et descendre par le hameau de Trébons aux ponts de ce nom.

ANTÉCADE.

9 *heures*.

Cette course résume des aspects déjà connus ;

cependant l'ami de la haute montagne la fera avec plaisir.

De l'hospice suivre le val du Pesson jusqu'à la descente de Picade, qui se voit à gauche, après 12 minutes.

Monter ce chemin jusqu'au plateau où se rencontre le sentier venant de Picade et continuant sur Kansor, 10 minutes.

Attention : à travers la prairie, suivre l'eau ou ruisseau de Pouy-Lané; l'eau disparaît après 10 minutes.

Continuer même direction, un peu à droite, ayant à dos le rocher dit la Pique. L'eau reparaît après 10 minutes.

Suivre à droite l'espèce de petit vallon gazonné, ayant derrière soi les sommets de Litz; tourner à gauche après avoir monté 10 minutes.

On ne tarde pas à voir, sur la droite, la cabane de Pouy-Lané, occupée par des bergers espagnols d'Aran, jouissance sans titres sur un versant français.

On passe près une petite auge en bois, abreuvoir des humains et des bestiaux, 10 minutes.

Près la cabane, on monte, toujours vallée de Litz à dos et roc de Picade à droite. On aperçoit la cime d'Antécade devant soi après 5 minutes, et la même direction conduit près une petite mare entourée d'herbes.

Et encore 5 minutes, on est en vue de la vallée d'Artigue-Tellin; on découvre le pic de Fourcanade, une des épaules de la Maladetta, puis la tête blanche du Néthou.

On prend à gauehe dans la lande à pente rapide, cherchant les meilleurs lacets pour les pieds du cheval ou du piéton; on tourne dos à la Maladetta et on s'élève pendant 10 minutes.

La pente devenant de plus en plus rapide, il convient de laisser paître les montures.

En 5 minutes, on touche les crêtes qui dominent la vallée d'Artigue-Tellin, et, encore plus à gauche, on aperçoit l'entrée de la vallée d'Aran; puis, 5 minutes à droite sur le haut versant espagnol, on est à cette cime suprême et dernière de toutes les crêtes qui séparent les domaines d'Aran et de Luchon.

La dénomination Antécade semble prendre son étymologie dans les mots latins *ante cadere*, exprimant un site où l'aigle vient prendre son vol.

La Maladetta est au midi; à l'ouest, les pics Quaïrat et Cériré, au delà desquels le pic Montségut, les cimes de Néouvielle près Barèges; celles de Vignemale, près Cauterets, puis l'Arbizon, le pic du Midi de Bigorre; Mònnè d'Oueïl et plaine de Tarbes; au nord, Bocaner, pics de Gar et de Crabère, entre lesquels s'étale l'horizon de Saint-Gaudens. Sous Bocaner, du côté d'Aran, le petit village de Bauzen, et Bosost au dessous; sous nos pieds Lasbordes, Arrès dessus et dessous, Arro, Vilamos, Benos, Begos, Arros, Montcorbao, Vila, Montès, etc.; à l'est, pic de Montjoly, derrière lequel est le port d'Aulus, en Ariége; puis port de Paillas, au delà de Viella, pic de Calde, ports d'Arrious et de Viella, et enfin toute la vallée d'Artigue-Tellin.

On descend dans la même direction, et, revenu au point où le sentier de Picade va quitter les pelouses pour continuer vers l'hospice, on reste sur ces belles nappes vert doré, qui sont les pâturages de Kansor.

Alors la Pique est à gauche; on marche vers Superbagnères.

Du sommet à l'embranchement de l'hospice, on a mis 40 minutes.

Sur ce sol velouté, couvert de troupeaux, une pente douce conduit en 30 minutes au plan de la cabane, abri des pasteurs et bestiaux de Luchon. Cette jolie cabane est située près des premières eaux qui descendent au val de l'Artigon.

A droite se présente bientôt le sentier montant au plan de la serre et à la montagne de Couradillis; mais le chemin suivi descend directement, ayant à gauche les sommets de la belle forêt de l'hospice, ici nommée forêt de l'Ombre, et, après 20 minutes, le ruisseau de l'Artigon se réunit au ruisseau qui descend du plan de la serre; puis en 3 minutes on atteint la cabane de Barguérès, autre dépendance de Luchon.

De cette cabane à la route de l'hospice, il faut encore 40 minutes, par une pente rapide et pierreuse, sous l'ombre de frênes et hêtres bordant de jolies prairies.

RÉSUMÉ DE L'ANTÉCADE.

De Luchon à l'hospice. . . .	1 h. 30 m.
De l'hospice à la cime. . . .	1 » 35
De la cime, par Kansor, à la route.	3 » 15 »
Puis de là à Luchon.	1 » »
Total. . .	7 h. 20 m.
Arrêt à l'hospice.	» » 30 »
id. à la cime.	1 »
Retards divers.	» 10 »
Total. . .	9 h.

PIC DE CÉCIRÉ ou CÈRIRÈ (1).

10 *heures*.

Cette course offre plus d'intérêt pittoresque

(1) Etymologie vraisemblable du patois *serre* et de l'infinitif latin *ire*; dénomination adoptée par Cassini.

que celle d'Antécade, dont elle forme pendant comme Bocaner et Monné.

Arriver à Casaux, val de l'Arboust, descendre à travers ce village comme pour se rendre au lac; un chemin va droit au gave : c'est le nôtre.

Sous l'ombrage de jolis frênes, on atteint un petit pont, près duquel un moulin et une scierie produisent des cataractes d'eaux bouillonnantes d'un charmant aspect. On traverse ce pont; on suit la montée rapide, laissant à gauche un chemin qui, à travers les prairies, monte aux sapins de gauche et à Superbagnères par les sommets; on suit la direction du vallon, dépendance de Casaux.

Lorsqu'on touche le gave, il faut prendre à droite, monter la croupe qui le domine, et, après quelques lacets, on arrive horizontalement à Labach-Casaux, groupe d'une trentaine de granges. Du pont à Labach-Casaux on a mis 35 minutes.

On traverse ces granges, on monte vers le fond du vallon. Une cime est en vue, c'est celle de Cériré.

Entre de charmants pâturages, le sentier longe quelques frênes, traverse un bois de noisetiers, que dominent quelques sapins à droite.

De Labach, au sortir de ce bois, 25 minutes. Gravir la croupe gazonnée devant soi, se diriger vers la naissance du ruisseau, là où un filet d'eau forme petite cascade. On a mis 20 minutes.

Rester sur le même versant jusqu'à la petite station pastorale située au dessus de la dernière eau. On l'atteint en 20 minutes.

Alors, passer sur l'autre versant. Le chemin s'indique lui-même, frayé par les bestiaux qui se rendent à Litz.

On voit un trou de neige sous la pente de Cériré, après 20 minutes, et, inclinant encore à droite à travers ce vallon élevé et montant un lacet à gauche, on arrive à la crête qui domine le val de Midasols, débouchant au val d'Asto. C'est encore 25 minutes.

L'aspect grandiose de roches presque perpendiculaires au val d'Asto est un sujet d'étonnement pour l'œil et pour l'esprit. On suit un joli sentier horizontal, sur le versant de Midasols, et en 7 minutes on arrive au col de la Coum (ou ravine) de Bourg. On descend un peu ce versant est, et le sentier de Cériré s'offre à gauche, tracé par les guides de Luchon. On gagne la cime en 30 minutes.

Dès le col de la Coum il y a émotion pour le touriste : la vue des cimes frontières sous la Maladetta, les arêtes déchirées de Catalogne; dans l'extrême horizon, le Canigou, sortant de flots d'azur... C'est, par excellence, la finesse et la splendeur du coloris lointain.

Au sommet de Cériré, la vue prend plus de développement en diminuant un peu d'expression; mais le panorama est superbe : les neiges de Carabioules et d'Oo, les beaux rochers de Clarabide, les sommets d'Aragnouët, les cimes de Vignemale, Néouvieille, Arbizon, Monné, etc., etc., et une ligne de plaines sans fin. C'est la région domaniale de l'aigle; c'est une vue en ballon autrement intéressante que ces ascensions atmosphériques exécutées à grands frais par des imaginations inquiètes. Ici c'est le beau réel : c'est un Righi pyrénéen.

Huit jours ici par un beau temps seraient pleins d'attraits. Par un temps clair, on pourrait distinguer Toulouse, Tarbes, Auch, Saint-Gaudens, etc., etc., et les deux mers. On part à regret!

Descente au point où a commencé l'ascension, sous le col de la Coum, 20 minutes.

Au lieu de remonter au col, prendre à gauche vers la première ravine, puis à droite vers la plus grande, et rester sur le versant gauche près le lit de l'eau.

Après 13 minutes, le sentier traverse ces premières eaux, monte le versant droit sur une terre noire, et touche une hutte de pasteur.

Continuer, ayant gave à gauche, à descendre sur une croupe couverte de plantes sauvages, jusqu'à une autre cabane de pâtre située sur une petite plate-forme. Il faut 30 minutes.

Ici le sentier disparaît sous l'herbe. On doit s'approcher insensiblement du gave, et lorsqu'il cesse d'être resserré par des rives perpendiculaires, ce qui sera en 15 minutes,

Traverser les premiers gazons cultivés, puis l'eau à gauche, où se voit un sentier. On est sur les pelouses de l'Esponne de Litz; on atteint un petit groupe de granges, et, quelques instants encore à travers ces ravissants pâturages, on est à l'embranchement de la descente de

Superbagnères, là où un chêne séculaire abrite une grange, 12 minutes.

On descend à la route de Litz en 30 minutes.

De là à Luchon, usant de trot et galop, 1 heure.

RÉSUMÉ DE CÉRIRÉ.

De Luchon au pont de Casaux.	1	h.	20	m.
A Labach-Casaux.	»	»	35	
Après bois de noisetiers. . .	»	»	25	
Filet d'eau en cascade. . . .	»	»	20	
Station pastorale.	»	»	20	
Trou de neige.	»	»	20	
Crête de Midasols.	»	»	25	
Col de la Coum de Bourg. . .	»	»	7	
A la cime.	»	»	30	
A point.	»	»	8	
Total pour monter. . .	4	h.	30	m.

RETOUR PAR LITZ (vulgairement Lys).

De la cime au premier sentier et traversée de ravine. . . .	»	h.	33	m.
A la cabane de pâtre sur plate-				
A reporter. . .	»		33	

Report. . . .	» h. 33 m.
forme.	» » 30
Au chêne séculaire.	» » 27
A la route de Litz.	» » 30
A Luchon, avec trot et galop. .	1 » 20
Total du retour. . . .	3 h. 20 m.

TOTAL COMPLET.

Ascension.	4 h. 30 m.
Descente par Litz.	3 » 20
Arrêt au sommet.	2 » »
A point.	» » 10
Total. . . .	10 h. »

BUTTE DE CIER-LUCHON,

3 heures de marche active.

De Luchon au premier chemin à gauche aprés le village d'Antignac.	1 h. » m.
De ce point à travers cultures et pentes du versant gauche. .	» » 40
Retour.	1 » 20
Total. . . .	3 h.

TOURNÉE DE L'ARBOUST,

8 à 9 *heures*.

Tous les deux jours part de Luchon un facteur rural dont la tournée est assez intéressante pour être imitée ou faite de compagnie par les amateurs. Il grimpe directement à Cazaril, traverse Trébons, et se rend, par Castel-Blancat, à Sacourviel, Saint-Paul, Maïrègne, Coubous, Cires, Bourg, revient par Benqué dessus et dessous, monte Saint-Avantin, Castillon, Casaux, Bilhère, Garin, Catervielle, Jurevielle, Portet, Gouaux, d'où il descend perpendiculairement à Oo, et revient gaillardement chargé des épîtres montagnardes pour Luchon.

Après toutes ces courses ou promenades, une nouvelle ascension à Bocanera classerait la connaissance de tous les lieux parcourus. C'est de là qu'il faudrait dire adieu aux montagnes de Luchon.

RÉCAPITULONS POUR CHACUN :

Vous, baigneurs et buveurs, renoncez aux longues courses ; suivez les promenades et les courses modérées, la vallée de Litz et ses cascades, la cascade des Demoiselles, celles du Parisien et l'Hospice, la vallée de Burbe et celle d'Aran jusqu'à Lès, toute la vallée d'Ouëil jusqu'à Bourg, et la vallée de l'Arboust jusqu'à Oo; que le lac, tout au plus, soit votre excès.

Vous, touristes! allez et courez.

NATURE DES EAUX DE LUCHON.

LEUR PUISSANCE CURATIVE.

Ces eaux sont classées parmi les sources sulfureuses, dont elles offrent, avec Baréges, un des types les plus parfaits. Leurs température s'élève jusqu'à 70 degrés.

Elles déplaisent d'abord à l'odorat; mais on s'y habitue vite, car elles deviennent agréables et légères à l'estomac; et leurs bains, leurs douches, embellissent la peau en améliorant ses fonctions.

Le succès de leur emploi n'est contestable que par ceux qui en usent mal. Dans les maladies si nombreuses du système lymphatique; dans ces dégénérescences organiques où le sang vicié produit tant de maux d'un aspect affligeant; dans ces tristesses nerveuses qui font le succès des exploiteurs de la pauvre humanité, etc., etc..., hommage leur soit adressé!

La fréquentation de ces sources sous l'administration romaine ne serait qu'un faible titre. A cette époque régnaient encore les simples et larges principes d'Hippocrate, et toutes espèces de bains prédominaient la pharmacie.

Aujourd'hui, où l'exercice musculaire est beaucoup trop négligé, où l'abus d'une civilisation pleine de charmes et contraire à l'ordre naturel amène tant de maux, doit-on s'étonner que l'union des principes aqueux et sulfureux, produisant calme là où il y a exaltation, énergie là où il y a débilité, ramène un ensemble harmonieux qui, uni aux promenades au milieu de sites attrayants et à travers une atmosphère limpide, etc., soit l'énigme de tant de problèmes.

Régénérescence lymphatique.

Purification du sang.

Equilibration nerveuse.

Telle est la devise des eaux de Luchon.

CONSEILS AUX BAIGNEURS.

A ceux qui viennent aux eaux sous l'influence d'Esculape, nous conseillons de ne s'y pas soustraire, car on ne saurait trop rendre hommage aux études spéciales et à l'expérience pratique.

Mais à ceux qui arrivent de leur propre inspiration ou avec misanthropie médicale, nous devons quelques indications pour l'honneur des thermes, et surtout pour leur intérêt.

Nous leur présentons les thermes comme un temple religieux ; et, s'ils refusent les interprètes, qu'ils reconnaissent au moins le principe qu'ils invoquent.

Tous les ans, à diverses eaux, quelques baigneurs découragés partent maudissant thermes et médecins, tandis que, le plus souvent, ils doivent maudire eux-mêmes et leurs infractions aux conseils de l'expérience.

Pour les maladies aiguës, il faut redouter l'emploi des eaux minérales, si universellement bienfaisantes aux maux devenus chroniques; mais l'importance première, dans leur usage, c'est la surveillance des organes principaux : le cœur, les poumons et l'estomac. Voilà l'écueil des indépendants. L'action tonique minérale tend à ramener le mal à l'état aigu; il faut suivre cet effet, et, lorsque la nature s'exprime par la souffrance, on doit *suspendre* fréquemment ou varier la température du bain.

On doit aussi être convaincu que la nature seule fera les frais de guérison; que, le minéral n'étant qu'un éperon pour réveiller l'ensemble des forces et activer spécialement celles qui manquent à l'harmonie, un grand calme et beaucoup de recueillement seront rationnels.

Ainsi :

1° *Défiance de l'appétit accidentel* développé par les eaux.

Personne n'ignore que nous mangeons tous

plus qu'il n'est utile. C'est un luxe de gourmandise auquel veut bien s'assouplir notre estomac, mais dont nous récoltons les fruits par tant de maux. Tâchons de le croire lorsque le mal se manifeste, et surveillons-nous mieux, si nous voulons sincèrement guérir.

Les eaux activent cette fonction. Il faut résister, se contenter d'un peu de potage, de viande grillée ou rôtie, de légumes peu assaisonnés et de fruits cuits ou très mûrs ; peu de laitage, peu de vin, et surtout absence totale de pâtisseries, sauces, ragoûts, etc.

Ces principes d'hygiène conviennent à tous les tempéraments, et (sauf la quantité) à toutes les maladies, soit des organes, soit des membres même les plus indifférents.

2° *Calme d'esprit et tranquillité de corps.*

La résignation et l'exercice modéré entretiennent et rétablissent la santé. Ainsi, le baigneur, sortant de l'eau, devra se mettre au lit pendant une demi-heure au moins, afin de rétablir l'état naturel de la peau ; puis déjeuner sobrement, et se promener sans fatigue, à pied, à cheval, au pas, en voiture ou en chaise à porteur ; mais il n'entreprendra pas de courses qui durent plus de trois ou quatre heures, parceque le refroidissement, la fatigue ou l'échauffement, contrarieraient l'état de fièvre factice que doivent produire les eaux, quoiqu'à un degré souvent imperceptible.

3° *Se rapprocher des lois de la nature:* la veille et le sommeil.

Tout le monde connaît l'influence matinale sur tous les êtres de la création. A cette heure, où tout dans la nature manifeste un principe vivifiant, le corps humain ne peut être insensible, et le malade principalement ; cependant, quand l'hygiène recommande le bain matinal comme plus avantageux, le vulgaire n'y voit que les avantages de commodité. Et si la puissance créatrice a fait le jour pour l'activité, la nuit pour le repos, que de maladies peuvent n'avoir d'autre origne que ce renversement des choses créées et cette insulte au souverain principe des religions.

Si donc nous faisons un sacrifice momentané à la raison et à la santé, faisons-le complet et essayons si de ces trois préceptes :

Surveillance de l'estomac,
Activité modérée,
Coucher de poule et lever de coq,

pour aller se plonger au bain, et ensuite une heure au lit, essayons si de tout cela, continué pendant un mois, il résultera quelque chose de bon.

Et si un commencement de mieux apparaît, *patience et longueur de temps!* venez à nous....

FIN.

ÉTABLISSEMENT THERMAL.

Situé à l'extrémité d'une longue avenue d'arbres, bordée de jolies maisons à l'usage des étrangers, le nouvel établissement est magnifique et présente une série de colonnes en marbre blanc de Saint-Béat, d'un seul bloc. L'intérieur réalise ce qu'il y a de plus complet, et peut donner par heure une centaine de bains, dans des baignoires la plupart munies de douches. Une vingtaine de douches spéciales, des piscines pour hommes et pour dames, un grand bassin à nager, des étuves sèches et humides, un tépidarium antique avec lits de repos, etc., etc., tout cela constamment renouvelé et varié, grâce à l'abondance, au calorique et à la diversité des sources.

En outre, des eaux ferrugineuses surgissent

de tous côtés ; et l'industrie locale a créé une sorte de bains émollients qui, composés avec les herbes grasses et parfumées de la montagne, calment les trop vives excitations sulfureuses et coopèrent aux cures thermales.

Autour de l'établissement sont des promenades, soit à travers gazons et bois, soit au milieu des fleurs, avec bassin et jet d'eau.

TARIF (linge compris).

Du 1er juin au 15 octobre.

	Bains. f. c.	Douches. f. c.
Ronde de 3 h. du matin. . .	» 60	» 50
id. de 4 h. id. . . .	» 80	» 60
id. de 5 h., 6 1/2, 7 3/4, 9.	1 20	1 »
id. de 10 h.	1 »	» 75
id. de 11 h. 1/2.	» 90	» 50
Soir.		
Ronde de 2 h., 3, 4 1/2, 7.	1 »	» 75
id. de 5 h. 3/4. . . .	» 60	» 50
id. de 8 et 9 h. . . .	1 20	1 »
Piscine.	1 »	» »
Du 15 octobre au 31 mai.		
Matin et soir	» 90	» 55
De 10 h. du mat. à 6 h. du soir.	» 30	» 20

AVIS.

Il part et arrive chaque jour des diligences excellentes venant de Bordeaux, Toulouse, Tarbes, et Bagnères-Bigorre.

Des calèches de promenade sont à la disposition des baigneurs, ainsi qu'une myriade d'excellents chevaux de selle bien équipés.

Des chaises à porteur transportent les infirmes au milieu des sites les plus sauvages. Tout enfin, pendant la saison thermale, abonde à Luchon, qui devient une foire continue, une capitale pour les habitants de cent kilomètres à la ronde.

De juin en octobre, tout est plus cher, à cause de l'affluence d'étrangers ; mais le reste de l'année, également favorable en raison de la situation avantageuse de Luchon, tout diminue.

Avis aux bourses légères.

TABLE DES MATIÈRES.

PROMENADES.

COURSES A CHEVAL.

www.ingramcontent.com/pod-product-compliance
Ingram Content Group UK Ltd.
Pitfield, Milton Keynes, MK11 3LW, UK
UKHW020321250726
13967UKWH00004B/1792